新・生活のなかの図書館

関口礼子 編著

学文社

執筆者

関口	礼子	大妻女子大学	第1章
山口	真也	沖縄国際大学	第2章
百々	佑利子	日本女子大学	第3章
登	淳子	東京都立中央図書館	第4章
松本	勝久	相模女子大学	第5章
山本	順一	筑波大学	第6章
小林	悠紀子	国際児童文庫協会	第7章
二村	健	明星大学	第8章
小川	俊彦	明治大学	第9章

——執筆順

まえがき

世の中、加速化しているのが感じられる。とくに日本ではその感が強い。一例をあげてみよう。国連は、六五歳以上の高齢者の人口が七パーセントになったときと一四パーセントに達したときを、時代変化のエポックと見ている。日本では、七パーセントに達したのが一九七〇年、一四パーセントに達したのが一九九四年で、その間二四年しかない。他の国々は、フランス一一五年、スェーデン八五年、アメリカ七五年、英国五〇年、ドイツ四五年というように、もっと社会変化がゆっくりと起こっている。二四年といえば、一世代である。他の国が、二世代、三世代とゆっくり時間をかけて行ってきた変化を、日本は一世代のうちに完了しなくてはならないのである。ということは、人びとは、一人のひとの一生涯のうちに、新しい情報を得、それを情報として知るだけでなく感得し、それにもとづいて新しい行動をしなければならないということを意味している。学校教育は情報と知識の伝達を意図的に行う機関であるが、学校教育のみでは近年の加速化された社会に生きていくには十分ではなくなってきている。

学校教育を終えた人びとには、情報や知識はどこから来るのであろうか。テレビ、新聞、ラジオ、口コミ……情報源はさまざまある。そのうちで、図書館は大きな役割を果たしている。そして、図書館の成人にたいする情報伝達機関としての役割は、学校教育の知識のみでは人びとは生涯を生きてゆけなくなった今、ますます大きくなってゆくであろう。

図書館は、過去の叡智の宝庫であるが、そして、人びとの頭のなかでは、図書館のその役割に対するイメージがまだ強いかもしれないが、しかし、図書館の、新しい情報や知識を人びとが得ることが出来る場所としての役割は、ますます強くなってきている。これがメインの役割になってきているといっても過言ではない。なにも調べものをする目的でみなが図書館にゆくと言っているわけではない。調べものももちろんではあるが、時間があった、ふと図書館に寄ってみた、そこにあった雑誌を開いてみた、そこにあった小説を借りてみた、そういうことからも、人びとは限りなく現代的な知識を、意識せずして得ている。日本人の簡単にそうした行動のとれる識字力の高さと学習能力の高さが、日本社会の変化の加速化を可能にしてきたといってよい。少し年をとった人びとは、半世紀前、一九五〇年当時の日本の状況を思い起こして、それと新しいミレニアムを迎えた西暦二〇〇〇年の日本の状況を比較してみるがよい。これらの激しい変化に、いかに人びとがスムーズに対応してこられたかがわかるであろう。

本書の前身は、学文社から一九九二年に出版された『生活のなかの図書館』である。おかげさまで、これは出版当時から好評を得て刷を重ねてきた。しかし、八年たった今、この変化の激しい社会にあって、これもまた、古くなったという感を免れなくなった。一年間に、世の中に存在する知識の七分の一は役に立たなくなってゆくという学者の計算もある。この度、執筆陣容も新たにして、全面的に改訂を加えることにした。

とくに古くなったというのは、インターネットやオンラインにかかわる新しい技術関係のところである。新しい技術の完全な実用化に伴って、技術のみでなく、法律やモラルや、図書館のあり方や役割も変化してきている。情報や知識の伝達に「図書」が独占的に力を発揮してきた状況も、図書の威力は衰えないにしても、即時性や脱地域性においてよりすぐれた効力を発揮する新しい情報の手段が完全に実用の段階に達して、変わってきた。これらの新しい手段も、図書館のなかに取り入れられてきているし、もっと取り入れられなければならない。新しい読者の方々はもとより、旧版に親しんでくださった方々も、新しい版にも目を通していただけたら幸いである。

なお、新版の原稿を印刷に入れながら、カナダに来てしまった編者に代わって、通常の出版業務を越えて、多大な連絡等の労を取ってくださったのは、学文社の三原多津夫氏である。また、本書の改訂新版企画にあたっては、編者の勤務する図書館情報大学が学長経費から、執筆者全員が集まって二日間をかけて全面的に内容の検討を行う会にたいし援助をしていただいたこともご報告しておきたい。

新しいミレニアムを迎えた正月

関口　礼子

もくじ

第1章　生涯学習の拠点としての図書館・図書室

関口　礼子

1　生涯学習思想の浸透

カナダのある大臣から手紙をもらった。ショックを受けた。大臣の肩書きが、education でなくて、learning に変わっていたからである。教育大臣から学習大臣、教育省から学習省への名称の変更は、内容や力点、理念や哲学の変化を抜きにしては考えられない。筆者は、仕事上、カナダの教育関係の文献を訳す機会がよくあるが、いつも苦労していたのは、カナダの文献は、学習者が主体で書いてあるのに、日本では、教育する側を主体にしていうことが多く、訳が日本語としてなかなかなじみにくいことであった。この省名の変更をみて、ここまで……という感にうたれた。

しかし、日本でも、このような変化がなかったわけではない。たとえば、「生涯教育」という言葉から「生涯学習」という言葉への変更である。最初は、「生涯教育」として知られていた。

「生涯学習」の定着

「生涯教育」という概念の始まりは、一九六五年に、P・ラングランがユネスコの会議のなかで用いたのが最初であるといわれている。しかしそのときの言葉は、education permanente であり、日本語としても「恒久教育」などと訳されていた。この言葉は英語に訳されたとき、permanent education というと一生涯、牢獄のような学校に閉じ込められてギュウギュウ知識を詰め込まれるという感じになるので、別の用語を用いることにし、life-long education という語が案出された。これをさらに日本語に訳したのが「生涯教育」である。同じころの一九六八年、「学習社会」という語も生まれた。これは、R・M・ハッチンスという人がその著書の題に用いた語である。脱工業化社会、情報(化)社会という語も六〇年代ごろから使われ出した。社会を表すこれらの新しい語彙の出現は、社会そのもののあり方がそのころから少しずつ変わってきていることを表している。

いま、日本では「生涯学習」という語に定着している。が、それが定着するまでに、いくつかの契機があった。それを少したどってみよう。それは、言葉の変遷のみでなく、それで表される教育や学習に関する概念の変遷でもある。

一九七一(昭和四六)年、社会教育審議会が答申を出した。国は、ときどき、政策決定のため、いろいろな審議会に意見を求める。このときは「急激な社会構造の変化に対処する社会教育のあり方について」を諮問したものであった。そのときの答申は、つぎのような内容であった。

今日の激しい変化に対処するためにも、また、各人の個性や能力を最大限に啓発するためにも、人びとはあらゆる機会を利用してたえず学習する必要がある。いかに高度な学校教育を受けたひとであっても、次々に新しく出現する知識や技術を、生涯、学習しなくてはならない。生涯教育という観点にたって、教育の配慮をしていく必要がある。その教育とは、少年から老人までを対象とし、内容は、知的な面から体育・文化活動まで、レベルは、日常的基礎的なものからより高度なものまでと幅広くふくみ、学習方法は、個人学習から集会・集団学習までをふくむものでなければならない。教育は若いときのみでなく、生涯続くべきものであるという主張であるが、その役割を果たすのは、社会教育であった。

教育は生涯続けられねばならないという考え方は、さらに継承され、発展し、一九八一(昭和五六)年には、中央教育審議会の答申に取りあげられた。この答申は「生涯教育について」と題がつけられており、「生涯教育」という概念が、社会教育だけでなく、学校教育をふくめて、教育全体にわたる政策の中心課題になったことを表していた。

人間が生涯を通じて資質・能力を伸ばし、主体的な成長・発達を続けていく上で、教育は重要な役割を担っている。今日、人びとが「自己の充実や生活の向上」のため、その「自発的意思」にもとづき、必要に応じ「自己に適した手段・方法」を「自ら選んで」「生涯を通じて」行う学習が「生涯学習」であり、この生涯学習のために「社会の様々な教育機能を相互の関連性を考慮しつつ総合的に整備・充実」するのが、「生涯教育」であるとしている。

言い換えれば、「生涯教育」とは、すべての教育制度を整備するときの基本理念なのである。その教育制度とは、国民の一人ひとりが充実した人生を送ることを目指して生涯にわたっておこなう学習を助けることを目的とするものである。ここでも、学習は、若い人だけのものではなくなっていることを明確にしている。その観点にたって、若いときの教育も生涯教育の一部分として位置付けている。

一九八七（昭和六二）年、臨時教育審議会が内閣総理大臣の諮問に応じて出した最終答申のなかで、教育制度の「生涯学習体系」への移行が唱えられた。ここでは、教育を与える側や教育制度を整備する行政の側から見た「生涯教育」という語ではなく、国民の側を中心にした「生涯学習」という語が用いられた。また、教育関係機関だけでなく、企業などにも、人の採用に際しては学校以外の場での学習成果も評価すること、採用した後も学習に便宜をはかることなどを求めている。すなわち、教育界のみならず社会全体に対して、学習重視へと価値の転換を求めたものであった。

このように生涯学習の概念は、社会教育から発して、教育制度全般を覆い、社会全般に及んできている。

これにもとづいて一九九〇年には、いわゆる生涯学習振興法（「生涯学習の振興のための施策の推進体制等の整備に関する法律」）が制定された。これには、文部省のみならず、通産省なども係わっている。生涯学習振興法では、生涯学習とは何かという定義をしていないが、これは、定義することによって、国民の自発的意思によってさまざまな形態で展開されるはずの学習を、制約してしまう恐れがあるからであると解釈されている。それ以来、国レベルでは生涯学習審議会が発足し、地方の行政機関のなかにも「生涯学習」の名を冠する部課が増えてきた。

一九八八年の文部省の機構替えでは、生涯学習局を筆頭局の位置に据えた。その母体となった社会教育局は、それ以前は、後ろの方にあった。この機構替えは、教育制度の中心理念として、「生涯学習」という概念を真っ向から受け入れたことを示している。しかし、二〇〇一年からの行政改革でも、省の名前は、文部科学技術省である。冒頭で述べたような「学習省」にはなっていない。いや、日本で昔から用いてきた「文部」という言葉は、もともと教育のみでなく、広く文化一般を表現していたのだといったほうがよい。むしろ、文部イコール若いときの学校教育というイメージの方があまりに学校教育のみを偏重し過ぎて異常だったのだろう。もともと学習は生涯続くものであり、「生涯学習」という言葉があらためていわれるようになったのは、それを再確認するためであるといったほうがよい。

「教育」と「学習」と図書館

ここで、「教育」と「学習」の概念について一度整理しておこう。教育と学習は、単に主体と客体の入れ替えのみであって、同じことを、主体の側からいうか客体の側からいうかだけの違いであるように思えるかもしれない。しかし、実はそうではない。教育は学習をひき起こすが、学習は必ずしも教育によってひき起こされるとはかぎらない。「教育」は、その社会の価値に向かって人の行動の変容をひき起こそうとする他者の「意図的行為」である。学校教育はその典型であるが、家庭における親の子に対する躾や、企業などで先輩社員が後輩社員に行う指導も教育である。しかし、他者の「意図」がなくても、その他者から誰かがなにかを学習し、自分の行動を変容させるということはありうる。学習は、教育よりずっと幅が広い概念である。教育は学習を効果的に行わせるための手段である。ひとの一生涯のうちでは、教育による学習より教育によらない学習の方が、はるかに多いであろう。

ところで、先に述べたような新しい考えや新しい法律より前に制定された社会教育法（一九四九年制定）によれば、社会教育とは、学校教育以外の教育であるとしている。体育・レクリエーション活動までそのなかにふくまれる。さらに、国民自身による自主的自発的な学習や文化活動を、国や地方公共団体は援助しなければならないとしており、公民館、図書館、博物館などを市町村などの自治体が設置しているのは、そのためである。これらの社会教育機関は、「生涯学習」がいわれるようになる以前から存在しており、生涯学習の重要な一部分を担ってきた。そのなかでもとくに図書館は、日本で文字文化が受け入れられて以来存在しており、古くから広く親しまれて、国民の学習の手助けをするもっとも手近かな施設となっていた。

2　生涯学習を必要とする時代的変化

教育よりも学習に重きがおかれ、また学習も考え方が変わり、若いときのみの学習から、生涯を通じての学習になった。そして、また、現代社会が「学習社会」といわれるようになった背景には、どのような時代的な変化があるのだろうか。さまざまな要因が考えられるが、そのうちのいくつかをひろってみよう。

寿命の延長

第一に、人びとの寿命の延長があげられよう。いままでは、日本人は、就業労働を終えたあとも、さらに相当の人生の期間をもっている。時間に追われて忙しかった雇用労働の就業期間を終えたあとに、自由に使える時間をたっぷりもっている。

しかし、寿命の延長は、年をとったとき、時間的余裕ができるというだけではない。人生五〇年といわれた時代、たとえば、一五歳までにいろいろなことを学習し、基本的な知識を得、技術や技能も身につければ、それを使って、残りの三五年はどうにかこうにか生きていかれた。経験をつめばその技術にさらに磨きがかけられ、勘が働くようになり、コツが分かって、家事労働であれ、家の外のたとえば職業上の仕事であれ、判断が的確になっていっそううまく行えた。

ところが、人生百年時代といわれるようになったいまは、たとえ二〇歳まで学んでも、残りの人生は八〇年もある。二〇歳までに学んだ知識や技能をもとに、この変化の激しい時代、残りの八〇年を生きることはとうてい不可能である。新しく、学びたさなくてはならない。

しかも、新しい時代に適応するために学ぶというのみでは充分ではない。六五歳以後の人生をもつ者がこれほど増加したのは、日本社会の歴史になかったことである。これらの世代がよりよく生きるためには、六五歳以上の人の新しい生き方が案出されねばならない。これは医療や福祉・年金だけでの問題ではない。また六五歳以上の人たちだけの問題でもない。新しい高齢者世代もしっかりと社会のなかに組み込んだ、新しい社会の創出である。人はみなやがては歳をとる。その新しい社会のあり方の創出にみなが参加するためにも、人びとは学び、新しい状況を把握し、知恵を働かせねばならないであろう。

時間的経済的ゆとり

第二に、学習に時間とお金をかける余裕ができてきたということもいえよう。個人個人は、「いや、忙しくて」というかもしれない。が、社会全体からみれば、すべての人が、自分の食べ、着るものを得るためにのみキュウキュウとして働かなければならなかった時代に比べて、時間的・経済的な余裕が出てきた。たとえば若者を以前より長期間学校に通わせることができるようになったのも、そのためである。それだけ社会の経済的生産性があがった。

それと同時に、人びとの欲求も、以前と比べものにならないくらい、高度化している。人びとは、たんに生命を維持するのに必要な量の豊かさだけでなく、質の豊かさを求め、また、心や精神の豊かさを求めるようになった。ハード重視からソフト重視の社会に変わった。以前の水準では、とうてい人びとの満足は得られなくなってきている。画一・均質に満足せず、多様性・選択の自由を求め、ニーズの多様化、個性化、高度化が進行している。それらを求めて、時間的経済的にゆとりが出てきた社会の人びとは、さらに学習する。学習は、いっそう高度な要求をひき起こし、またそれを充足するためには、さらにいっそうの学習が必要になってきている。

科学技術の発展と社会変化

近年の科学技術の発展はめざましい。次々といままでなかったようなものが発明され、普及して使われはじめて、生活の質を変えている。これらは、たんに科学技術を駆使する職業のみでなく、日常生活のレベルまで、格段に変えてきている。そうした変化を、人びとは学習しなければ、時代についてゆけない。

これは、しかし、たんに技術面の変化のみにとどまらない。それに伴う新しい思想と、人びとの新しい行動の様式や倫理、新しい社会の仕組みが生まれているのである。社会の仕組み全体が、再編成されつつあるのである。産業構造が変わり、就業構造は変わった。緻密化、高機能化、情報化、ソフト化、サービス化、都市化、国際化など、産業や社会の変化を知らせる表現も多く見受けられる。

技術革新や急激な社会構造の変化は、新しい情報・技術・知識を絶え間なく出現させており、社会のあり方、慣習、価値観、思想を変えており、これらを学習することは、職業的にも、社会的にも、家庭的にも必須の条件となっている。

さらに、世の中の変化とは、実は他人事ではなく、個々の人の行動の集積なのである。世の中を動かしているのは、一人ひとりの行動の選択である。各人が、多かれ少なかれ、世の中を動かしているのである。よりよい社会をつくることにみなが参加するためにも、刻々と動いている社会を、各人は学習し続けなければならなくなっている。そして、これらはすべて、だれかに教えてもらって学習するという他人任せで学習するのではなくて、みずからが、自分のイニシャティブと才覚で学習しなければならないことを示している。

3 教育意図は図書館ではどのようにして発揮されるか

図書館での学習は資料の範囲内

先に図書館は社会教育施設であり、学習のための施設であるとしたが、それでは、図書館での教育意図はどのような形をとって現れるのであろうか。他の教育機関とどう異なるのであろうか。

図書館で学習できるのは、図書館にある資料の範囲内に限られる。たとえば、小さい子どもが高熱を出して、医者に行ったとき、突発性発疹と診断されたとする。病気が治ってからでも、図書館に寄ったとき、いったいあの高熱を出し、下がったと思ったら体中に発疹を出して親をおろおろさせた病気とはどんな病気であったのかと、本を開いてみる。そこに、家庭医学の本しかなければ、得られる知識はその程度である。もし、そこに小児医学の医学書が一冊でも置いてあれば、もっと専門的な知識も得られるであろう。興味をそそられて、一冊読んでしまえば、子どもの病気についての相当な医学的知識が得られる。つぎになにか病気になったとき、この症状は何をおいても即刻医者に連れ込まなければならないのか、それとも、様子を見て、翌日になってゆっくり行っても大丈夫なのか、知ることもできよう。また、この病気は、どういう経過を経て、治るまでにどのくらいの期間を見なければならないかも、知ることができよう。

中学生から高校生にかけては、性に関する知識欲に富む時期である。たとえば、図書館に百科事典があれば、そうした知識の得られるところを開けて拾い読みをする、などということはかなりの人がやった経験があるであろう。百科事典では、客観的な体の部分についての知識が得られるのみであるかもしれない。別の棚にもっと社会生活に密着した形で性について書いた本があれば、性についての心構えなどもいっしょに学ぶことができよう。しかし、図書館には、夜中に自動販売機に行ってこっそり買わなくてはならないようなポルノの本は通常置いていない。したがって、図書館で見るかぎり、たんに性を興味本位に商品化するような知識は得られない。

価値による資料の選択

図書館はその蔵書を一定の価値観のもとに選んでいる。人びとが必要とすると思われる本や、人びとに読んでもらいたいと思うような本を考えて、選書している。図書館の教育的意図は、学校などのような直接的対人行為としてではなく、蔵書(図書館にあるものは、いまでは本のみではない、それらをまとめて、図書館関係者はコレクションと呼んでいる)を通じて展開される。そこに、他の教育施設との異なりがある。学校などが直接的コミュニケーションによる価値の伝達を主とするのに対し、図書館で展開されるのは、図書館関係者と利用者との間の間接的コミュニケーションによる価値の伝達である。

図書館で受ける間接的コミュニケーションは、コレクションを通じてのほか、本の著者とのコミュニケーションもあるが、これについては、つぎの節で述べよう。

選書のときに教育的価値意識があまり強く出すぎて、いわゆる狭い意味での「よい本」「ためになる本」ばかりを置こうとすると、人びとの要求を満たすことができない。人びとをひきつけることができず、図書館に行っても読みたい本がないということになる。先の性に関する知識の例で見るならば、図書館で知りたい欲求を充足させることができないと、本屋の片隅でそれこそ非教育的な雑誌をあさり、自動販売機を利用することに追いやってしまう。あるいは、逆に、コレクションのレベルが低すぎると、知的欲求を充たそうとする利用者をひきつけることができない。

図書館は、資料(図書館関係者は図書の他、雑誌、ビデオ、カセット、CD、レコードなど、図書館に置くものをまとめて「資料」と呼ぶ)を価値によって選ぶとしたが、図書館の種類や目的によって、資料選定の方針は異なっている。たとえば、国民の税によってまかなわれる公立図書館は、特定の価値観ではなくて、中立の価値観によらねばならない。とくに宗教的や政治的に特定の立場に偏したコレクションをしてはならない。また、いま世の中で議論の対立のあるような問題に関するものは、両方の立場の本を入れるように、心がけているはずである。公立図書館は、価値観において中立でなくてはならない。

かつて、「女」と表題にある本を排除しようとした学校図書館が問題になったり、公立図書館で「ピノキオ」や「ちびくろサンボ」の本の処置をめぐって論争になったりすることがあるのは、そうした価値観の混乱や変化による。昔名著とされ、必読書とされていたような童話や小説などのなかにも、人種差別や性差別、ステレオタイプ化などをふくむものも多くあり、図書館開架図書の見直しも行われている。かつては図書館のなかにまったく姿を見せなかったマンガを、いまでは並べている図書館も少なくない。マンガに対する価値観も変わってきた。

時代によって価値観は変わる。新しい考えが生まれてくるのは、当然である。新しい価値観を代表する本を補充し、その性質上圧倒的に占める古い価値観を代表する蔵書を、しまったり、整理したりして、資料のバランスはとられている。

しかし、図書館を使うものは、このような面があるのを知って、図書館にある資料もいろいろの性質のあることを考え、利用するということも必要なのである。資料の性質を知るには、たとえば、発行年なども手がかりになるであろう。どのような立場の人が書いたかを調べることも必要であろう。ノンフィクションとフィクションを意識して区別する必要もあろう。こうしたことについては、第4章「みんなのための図書館サービス」でふれる。

コレクションと設備を通じて表現される教育意図

図書館は、いま、ネットワークが組まれ、自分のところにない資料は他の図書館から借りる手伝いもしてくれる。しかし、それをするのは、よほど目的意識をもって特定の図書を借りたい人に限られるであろう。また、それとても、他の図書館にあってはじめて利用できる。やはり、その図書館にあり、とくに、図書館を訪れる人が自由に手にとって見られる開架棚にある図書が、もっとも利用されることになる。それぞれの図書館が、なにをコレクションとして備えているかが、それを利用する人に与える影響は大きい。

図書館は、コレクションを通じて、その教育施設としての意図を発現する。コレクションは、図書館の種類によって異なっている。いろいろな種類の図書館のあることを知って、その特徴を知り、目的に合わせてそれらをうまく使い分けることが、図書館を有効に働かせる道である。第2章「いろいろな図書館がある」は、いろいろな種類の図書館について説明をしている。

ところで、コレクションは、図書館側の教育意図にのみもとづいて作りあげられるものではない。図書館を利用する人びとの意向をくみあげる努力もしている。図書館の最終目的は、人びとが利用することだからである。

日本の文科系の大学教員の家を訪ねると、通常、書斎いっぱいの本棚や机のまわりには本があふれており、ときには、入りきれなくなったから増築したと、書庫に案内してくれる。筆者がよく知っているのはカナダやドイツの研究者であり、彼らはよく家中を案内してくれるが、本に埋もれた部屋などというのはあまりお目に掛からない。彼らは研究に、自分の所有する本でなく、図書館の本をもっぱら利用するからららしい。連絡しようとしても、家にもいないし、大学の研究室にもいない。図書館や古文書館で仕事をしているからである。大学図書館等には、書庫の隅に小部屋がいくつもあって、あるいは、ついたてで仕切った空間がいくつもあって、そこには、うず高く、書庫から運んできた資料が積み重なっている。一論文が書きあがって資料が不必要になれば、ふたたび他の人の使用のために書架に戻される。図書館の使われ方が異なっているのが感じられる。

カナダのある公立図書館を訪れたときのことである。そこには、新聞閲覧室があって、最近の新聞は開架であるが、マイクロになっている古い新聞も、機械にかけて見られるようになっていた。広い閲覧室の数ある机も、何台もあるマイクロ用の機械も、なんと年輩者、高齢者でいっぱいで、彼らは熱心に新聞をめくっていた。すでに退職した人びとが、社会の動きを学習するのは、新聞がもっともてっとり早いメディアだからであろう。国ごとの新聞発行部数と平均寿命の長さは、平均寿命が一定の年数を超えると、正の相関をもってくるというデータもある。健康管理法やその他、もろもろの正確な情報を得ることで、老化などを遅らせることができると解釈されていた。

図書館は、利用する人があって、はじめて成り立つ。図書館は、人びとが資料から情報を得、学習するための施設である。そして、何についての情報を得、何について学習したいかを決めるのは、図書館ではなく、利用者自身なのである。図書館はそれを援助してくれるにすぎない。図書館を利用する人びとの意識と図書館にたいする要求は、少しずつかも知れないが、図書館のコレクションのあり方を変える。そして、やがて、設備や施設のあり方に関する行政の基準も変えてゆくであろう。

インターネットの普及による新しい図書館利用の問題

ところで、最近の技術の変化は、インターネットの普及から来る新しい図書館の様相を呈し始めている。これは、大きく言って二つの面がある。

第一は、図書館の資料がカタログ化され、オンラインで公開されるようになったために、地元の図書館のみでなく、他の地域の、しかも世界中の、図書館にどのような資料があるか、調べて見られるということである。相互貸借が制度的に実施されているならば、世界中の図書館から、それらの資料を借り出すことができる。

第二は、資料そのものが、電子化されてきていることである。電子化資料は、図書館という限定された場所にのみ所蔵されているとは限らず、世界中のあらゆるコンピュータのなかに、所蔵されている。そして、世界中のどこからでも即時にアクセスできる。便利である。たとえば、他国の政策文書が策定され、インターネットに掲載されれば、その国の人と同時に、他国からでもその文書を入手できる。いままでのような面倒な入手の手続きや届くまでの時間差がなくなった。しかも、文字資料のみならず、博物館的資料も、映像、音声、三次元映像などで、掲載されている。ビデオなどの入手も難しいことではなくなるであろう。

しかし、ここにいままでとは異なる新しい問題も生じてきている。いままでは、図書になるためには、出版社の選択と校閲を経、図書館資料になるためにはさらに図書館の価値による資料選択という過程を経ていた。しかし、インターネット資料は、どのような人であれ、インターネットにつながれたコンピュータを持ちさえすれば、資料を提供しうる。それは、世界中のどこからでもアクセスできる。ポルノが氾濫し、爆弾の作り方が掲載される、他者の人権を侵害するような記事が掲載されているといった事態が起こっていることは、耳に入っているであろう。いままでのような方法では、図書館員の価値による資料選別が機能しなくなってしまった。しかし、それではインターネット資料は、図書館からシャットアウトしたらよいかというと、そうはいくまい。インターネット資料をシャットアウトするということは、情報や資料を求める利用者の利益から考えると大きな損失である。インターネットナニーなどと呼ばれるいわゆる青少年に有害と判断されるサイトに接続できないようにするプログラムが開発されているが、学校図書館などはともかく、公共図書館などはひろく年齢に関係なく人びとが利用できなければならないので、判断力のまだ十分でない年齢の子どもたちを対象にした規制を、判断力をもったとされる成人利用者にも一律に適用することも問題であろう。ここに、選書や配架のときだけ資料を対象に行使すればよかった図書館側、あるいは図書館員の従来の教育的意図の発揮とは異なり、個別の人を対象にそのおかれた状況と図書館資料への要求や必要性を考慮して行われなければならない情報や資料の道案内役としての新しい図書館員の資質と役割が期待されることになる。

4　図書館での学習はどのような特徴をもつか

現代の学習

図書館は社会教育施設であるとか、図書館を利用しての学習とかいうと、なにか、図書館へ行って受験勉強でもするかのように思うかもしれない。しかし、学習とは、学校で行う勉強のようなもののみでなく、もっとずっと幅広いものである。

人びとは、学習する必要があるようになったと前に書いた。学習とは、究極的には、自分と自分のおかれた環境との相互接触により、自分の行動の変容をきたすことである。自分の行動の変容は、そうした方が自分は幸せになれると思われるときのみ、起こるであろう。あるときには、学習したことは、行動の変容まで現れず、たんに知識や技術の増加という段階で留まることもあるであろう。しかし、それとても、いつか必要になったときに、行動を選択するための判断の基礎となる。行動の変容は、よりよく自分の欲求が充足されるように、それまでできなかったことができるようになるとか、それまでより能率的にできるようになるとか、あるいはより感情が深化して人情の機微を理解できるようになるとか、美をよりよく味わうことができるとか、仲間とうまくやってゆけるようになるとか、あるいは、加齢とともにできなくなるのが人間の宿命であるような事柄を、できなくなるのをより遅らせるとか、という形であらわれる。

図書館で、小説を借りて読む。そのときは、たんなる時間つぶしのためだったかもしれない。しかし、その読んだ内容から得た知識は、その人のなかに深く沈殿して、いつか行動の判断の基礎になるかもしれない。小説から得た感動は、その人の情操を深め、人格の形成に役立っているかもしれないのである。自分の幸せとは幅広い意味で、利己的な幸せではなく、人類が幸せになることを通じてそれは自分の幸福をもたらすということをふくむものである。

図書館は個人学習の場

学習の方法は、大きく三つに分けられる。集団的方法、地域的方法、個人的方法である。学習というと、みながすぐ思い浮かべるのは、学校の授業や、公民館の学級・講座のようなものや、講演会のような方法であろうが、これらは、集団的方法である。地域の活動に参加しながら自らも学ぶという地域的な方法もある。地域の行事やボランティア活動などもその一つである。図書館と近い例をあげれば、第7章で扱っている文庫活動などもその例である。文庫活動に参加している人たちは、自分たちは、教育こそすれ、自分が学習しているなどという意識はないかもしれないが、参加することによって、自分自身も大きく成長している。

図書館を利用しての学習活動は、図書館の主催する読書会や講演会などのような特殊なものを除いて、もっぱら個人的方法である。個人学習とは、個人ですすめる形態のもの、仲間とは関係なく、学習者がひとりで、独自のペースで、それぞれの場で、任意に行うものである。それが、計画的、組織的であれば、学習の効果はいっそう大きくなる。

　個人学習は、さらに、二つのタイプがある。「師」の存在するものと、存在しないものである。通信教育とか、個人教授などの場合は、「師」が存在する。しかし、「師」は存在せず、施設を利用したり、図書、雑誌、放送、ビデオ、CD、映画など、ひとりで入手できる学習媒体を用いたりして行う学習もある。これだと、自分の時間的都合に合わせて、それぞれの好みの場所で行える。図書館を利用しての学習は、この種のものである。ここでは、「師」の存在を期待できない。図書館にはなるほど専門職としての司書はいるが、彼らは、利用者が望む資料の存在は教えてくれるが、知りたい内容を直接に教えることはしない。内容はあくまでも、人びとが直接に資料から学ばねばならないのである。

　それでは、ほんとうに「師」は存在しないかというと、そうではない。「師」を「意図をもった者」と理解すると、前にも述べたように、図書館のコレクションは既に一定の価値観のもとに集められたものであるし、さらに、そこにある図書その他の資料は、必ず誰かの手になるものである。製作物を通じて、製作者の意図は伝わってくる。製作者すなわち図書であれば著作者と、それを読む人との間には、図書というメディアを媒介としてコミュニケーションが成立している。教室でのコミュニケーションのように、直接的なコミュニケーションではないが、間接的なコミュニケーションが存在しているのである。図書の他の、ビデオ、CD、DVD、カセット、インターネット資料、楽譜などの図書館の資料についても同様である。現代社会は、社会全体に、こうした間接的なコミュニケーションがひじょうに多くなった社会である。

現代にふさわしい個人学習と図書館の役割

個人学習は、今後ますます盛んになってゆくと思われる。というのは、人びとの生活は、複雑になってゆき、広域化している。一定の時間に一定の場所に集まって直接的に「師」から教えを受けるということは、不可能になってきている。また、人びとの学習したい内容は、生活の質の豊かさに応じて、バラエティに富んできている。また、そのレベルも、学習を続けるにしたがって、個人差が大きくなり、異なってくる。そのような状態のとき、一定の所に一定の時間に集まってみなで一定のことを学習するという集会・集団学習では、対応できなくなってくる。

したがって、ここでいう学習とは、学校に行って、強制的に知識を詰め込まれるようなものとはまったく異なっていることが分かるであろう。集団学習も、学習の初歩的段階では必要であろう。しかし、「生涯学習」時代といわれ、多くの人びとがいま必要としているのは、自分の必要に応じて、自分の時間の都合に合わせて、自分のペースで、自分に合った内容と、自分に合った水準のものを、さまざまなメディアを用い、間接的コミュニケーションにより、独自に行う学習である。学習の手助けとなるメディアは、蓄積された情報量の豊かさからいっても、情報を蓄える媒体の便利さからいっても、現在のところ、図書館にまさるものはない。

第2章　いろいろな図書館がある——図書館の使いわけ

山口　真也

一口に「図書館」といってもいろいろな形態がある。「図書館」と名の付くものをあげてみても、○○県立図書館や△△市立図書館、大学構内に設置された図書館、東京永田町にある国立国会図書館、街に出れば「漫画図書館」と呼ばれる喫茶店もあり、最近は「電子図書館」という言葉も耳にするようになってきた。『広辞苑』(第五版)によると、図書館とは「図書、記録、そのほか必要な資料を収集・整理・保存し、必要とする人の利用に供する施設」と定義されている。「図書館」という名前は付かないが、公民館や小学校に付設された図書室、企業の資料室、自治体の情報センター、福祉施設や病院、老人ホームにある読書室なども その一つと考えられるだろう。

このように、世の中には数多くの図書館がある。ところが、一般的な図書館のイメージといえば、「町の図書館」しか思い浮かべない人も多いのではないだろうか。つまり、県や市町村が設置する公共図書館以外の図書館については、それぞれの役割や機能は知られていないように思われるのである。折しも生涯学習時代の到来と高度情報化社会の進展にともなって、近年、図書館はますます注目されるようになってきている。いま一度、世の中にはどのような図書館があり、市民にどのようなサービスを提供してくれているのか?ということを考えてみる必要があるだろう。

日本の場合、図書館は一般に「どの機関が設置したか」という観点から五つの種類に分類される。一つは地方自治体が設立する「公共図書館」であり、都道府県立図書館や市区町村立図書館が含まれる。法律上は民間の団体や法人などが設置する私立図書館もここに含まれるが、その数は少ないため「公共図書館＝公立図書館」と考えて問題はないだろう。これに対して、小中学校、高校、盲学校、聾学校及び養護学校が設置主体となる図書館（室）は「学校図書館」と呼ばれている。また、小中高校とは別に、大学、短大、高専といった高等教育機関によって設置されている図書館は、「大学図書館」と呼ばれる。さらに、これら三つに含まれない図書館については、「専門図書館」という館種にまとめられることが多い。そのほか、これら四つの館種の上位機関に当たる国立図書館として、日本では「国立国会図書館」が設置されている。

人が「何かを学びたい」「何かの情報を得たい」と考えたときに、知的な雰囲気のなかでゆっくりと時を過ごすことができる施設・機関が図書館である。本章では、右の五つのタイプの図書館について、その役割と活動の現状を紹介し、「どの図書館で、どのようなサービスが受けられるか」という視点から生涯学習時代における各図書館と市民の生活とのかかわりについて考えてみたい。なお、近年、新聞や雑誌などでよく取り上げられるようになってきた「電子図書館」については、すべての種類の図書館にもかかわる問題であり、「設置主体別」という館種の分類にはおさまらないのだが、これからの図書館サービスの一形態として注目しておくべき問題であるため、最後の節で紹介することとした。

1　公共図書館――基本的人権を保障する図書館

市区町村立図書館と都道府県立図書館の働き

個人的な話になるが、私の両親は近所にある公共図書館を一度も利用したことがない。「散歩のついでにでも行ってみたら」とすすめてみたこともあるのだが、父も母もどうも乗り気ではない。理由を聞いてみると「図書館には難しい本しかない」「手続が面倒くさい」「学生さんしかいないので入りづらい」からだという。この頃は老眼が進んでいるらしく、「小さい字の本は読みづらい」という理由もあるらしい。両親にとって図書館とは、とにかく何も「できない」場所なのである。

公共図書館をよく利用している人なら、こうしたイメージが現実とは違っていることをよく知っているだろう。町の図書館には難しい学問書だけではなく、推理小説や人気タレントのエッセイ集、料理のレシピ集などのやわらかい本も置いてある。その図書館に読みたい本がない場合は、購入希望の申し込みもできるし、ほかの図書館から取り寄せてもらうこともできる。本のほかにも、雑誌やビデオ、CDも集められており、それらを貸してくれるところもある。館内には、学生のほかにも、ベビーカーに赤ちゃんを乗せた女性やお年寄り、新聞を読んでいるスーツ姿の男性も見かけることができる。また、老眼の人のために、大きな字で書かれた本を置いているところもあるし、眼鏡を貸してくれるところもある。詳しくは第4章で紹介しているが、今日の公共図書館では、本やビデオを貸し出すほかにも、読書会や講演会、市民からの問い合わせに答える「レファレンス業務」など、数多くのサービスが行われており、日常生活における人びとのさまざまなニーズに応える多目的施設となっているのである。

厳密に言うと、公共図書館は都道府県立図書館（略して「県立図書館」と呼ばれる）と市区町村立図書館に分けることができる。ともに住民へのサービスを行う機関であるが、右のように住民と直接的にかかわりながらサービスを行うのは市区町村立図書館である。一方、県立図書館はこうした市区町村立図書館の活動をバックアップするという役割を期待されることが多い。たとえば、市区町村立図書館ではあまり使われない資料を集めて保管しておいたり、県立図書館の本を調べなければわからない問い合わせが市立図書館に舞い込んだ場合に、電話やFAXで回答するという役割を果たしているところもある。また、図書館の設置が難しい町村地区へ「自動車図書館」と呼ばれる巡回車を走らせているのも主に県立図書館による支援活動の一つである。自治体の事情によって多様ではあるが、県立図書館の役割は、地域住民への間接的なサービスと考えてよいだろう。

公共図書館を利用する権利

県立図書館や市立図書館を訪れた経験のある人にとっては当たり前の話かもしれないが、公共図書館の利用は基本的に無料である。入場券を買わなければいけないということもないし、本を借りようとして「二冊で二〇〇円です」と言われることもない。また、公共図書館は誰もが自由に出入りできる施設でもある。小さな子どもでも、車椅子に乗った人でも、「ホームレス」と呼ばれる貧しい人でも「図書館を利用したい」という気持ちさえあれば、決して入館を断られることはない。

こうした「誰もが無料で利用できる」という性格は、公共図書館が持つ「無料・公費負担・公開」という原則によって成り立っている。「無料の原則」とは、個々のサービスに対してはいかなる料金も必要としないということであり、「公費負担の原則」とは、そうしたサービスが税金を使って行われなければならないということ、そして「公開の原則」とは、そのサービスが住民全体に開かれていなければならず、利用者が、年齢や所得水準、居住区や出身国の違いなどによって差別されてはならないということを意味している。では、なぜ公共図書館にはこうした原則があるのだろうか。

現在、私たちが生活している社会は「民主主義社会」と呼ばれている。「民主主義社会」とは国民一人一人が責任を持って政治に参加することによって成り立つものであり、そうした社会が実現するためには、誰もが自分の考えを抑圧されることなく自由に表現できる権利を保障されていなければならない。日本国憲法第二一条にいう「表現の自由」である。ところで「自由に表現する」という行為は、見方を変えれば、その発言を受け止める相手がなければ成立しない。つまり、表現者の自由を保障することは、その発言を受け止める側の自由も同時に保障していることになるのである。これが「知る自由」と呼ばれる権利であり、「表現の自由」と表裏一体をなすものとなっている。民主主義社会とは「知る自由」の保障によって初めて実現する、ということもできる。

このように、私たちは「何かを知りたい」と考えた場合に、そうした欲求を満たしてくれる知識や情報を手に入れる権利を持っている。公共図書館とは、こうした権利を具体的な形で保障するために資料（本や雑誌など）と施設を提供する公の機関であり、そのサービスは、警察や消防、公衆衛生などと同様に公共サービスの一つに数えられるものなのである。したがって、公共図書館は、原則として誰もが自由に（無料で）享受できる性格のものでなくてはならない。公共図書館が持つ「無料・公費負担・公開」という三つの原則は「基本的人権」にもとづいているのである。

公民館・児童館図書室の活動

私たち国民は憲法の下で公共図書館を利用する権利を保障されている。ところが、現実はどうかというと、わが国では、すべての国民が平等に図書館を利用できる状況にあるとは言えない側面もある。現在、県立図書館の設置率は一県一館の水準を実現しているが、直接的な住民サービスの窓口となる市区町村立図書館について見てみると、市立レベルでは、設置数一五二七館、設置率九六パーセントと、いまだに一〇〇パーセントではない。また、町村立レベルでは、設置数九〇三館、設置率三五パーセントと非常に低い水準に止まっていることがわかる（一九九八年四月現在）。このため、同じ県内でも図書館がある市とない市、さらに同じ市内でも地区によって図書館の利用条件が大きく異なるという状況が生じることになる。住民の間にサービス格差が生じているといえよう。

こうした状況を考えるとき、「図書館」という名前はつかないものの、図書館に似た活動を行う公的読書施設の存在を無視することはできない。公民館や児童館にある読書施設は、公立の公共図書館と同様に「公開・無料」の原則を満たしており、多くは公費でまかなわれている。特に公民館の設置数は、図書館とは違って非常に多く、平成八年度の「文部省社会教育調査」によると市町村立公民館の合計は一万七八一〇館に上っている。もちろん、このすべてに図書室が設けられているわけではないが、公民館や児童館の中には、住民からリクエストを受け、公共図書館の本やビデオなどを借り出すことができる施設もある。公民館や児童館の図書室は、市民が身近に接する読書施設として非常に大きな可能性を秘めていると考えられるだろう。

よく言われるように、公民館や児童館に付設されている読書施設は、その活動目的が曖昧な場合が多い。また、限られた人員、施設、予算のなかで、幅広い市民のニーズに応えることが難しいという現実もある。これらを考えるならば、やはり町村レベルでの公共図書館の設置が重要な課題であることはいうまでもないだろう。しかし、自治体の事情によっては、町村地区での図書館の設置が難しい場合も少なくない。当面の間、設置が期待できない地区では、これらの読書施設を公共図書館のサービスポイントとして活用することも一つの方法だろう。サービスポイントとしての利用が活発になれば、いずれは図書館の設置につながる可能性もある。ただ設置を待つだけではなく、図書館を利用する権利が保障されるように働きかけていくこともまたわれわれ市民の役割である。

2　学校図書館――豊かな学校教育を支える図書館

民主主義の理念と学校図書館

数年前、実家の押入を整理していたところ『なぜなに算数』という古い本が出てきた。小学館から出版された本で、表紙には私が通っていた小学校のスタンプが押してある。ひどい話だが、どうやら私は学校の図書室の本を十何年も返却せずに持っていたらしい。蒼くなっていると、押入の奥からさらにもう一冊『なぜなに理科』という本も出てきた。

思い返してみると、私はよく図書室の本を勝手に持ち出していた。といっても、それほど悪気があったわけではない。私が通っていた小学校では、昼休みになると図書委員の児童が図書室の鍵を開けてはくれるのだが、その後はすぐに遊びに行ってしまう。カウンターには誰もいなくなってしまうので、本を借りたくても貸出の手続ができず、どうしても借りたい場合には、勝手に持ち出すしかない。右の二冊も、手続きをせずに持ち出したため、貸出の記録が残らず、特に催促されることもないまま、十何年が過ぎていたというわけである（近いうちにその本二冊と、学習に役立ちそうな新しい本を持って謝りに行こうと思う）。

このように私の小学校の図書室は活動らしい活動をほとんどしていなかった。そもそも、図書室が開いているのは昼休みのわずかな時間だけであり、放課後には先生たちの会議室に早変わりしてしまう。子ども心に「不便だなぁ」と思った記憶があるが、学校図書館について書かれたテキストを開いてみると、確かにこうした状態が「学校図書館の理念」とはかけ離れていることがわかる。

学校図書館の理念を説明するためには、その設置率を見ると非常にわかりやすい。日本の場合、小学校、中学校、高校に付設される図書館（図書室）の設置率はほぼ一〇〇パーセントとなっており、こうした設置率の高さの背景には、教育基本法と学校図書館法による設置義務の明記があるといわれている。つまり、学校図書館は、保健室や運動場と並んで、学校教育に不可欠の施設と考えられているのである。では、学校にはどうして図書館が必要なのだろうか。

すでに述べたように、現代の日本は民主主義社会である。したがって、民主主義社会における教育のあり方もまた民主主義社会の理念に適ったものでなければならない。それは、児童生徒の個性を重視し、自発性、自主性を重んじることによって実現されるものとなるのであり、教科書をただ丸暗記するだけの受け身の学習態度では、民主主義社会を支える自立した市民は育たないということを意味している。民主主義教育の現場では、自ら学びとろうとする児童生徒の知的好奇心を育むことが重要であり、子どもたちの学習意欲を促す環境の整備が必要となってくるのである。ここに、教科書以外のさまざまな資料の充実が求められてくるのであり、こうした意味で、学校図書館という存在は学校教育にとって必要不可欠のものと考えることができるのである。

学校図書館をめぐる新しい動き

このように、図書館の活動は学校教育にとって、とても重要な意味を持っている。ところが、これまでの日本における学校図書館の歴史をふり返ってみると、その活動内容は実に貧弱であったといわざるをえない。そもそも学校図書館の具体的な仕事としては、

一　児童生徒が授業や自主学習、学校行事などで必要とする資料を収集し、提供すること
二　教員が授業や教材研究などで必要とする資料を収集し、提供すること
三　図書館の活用法や読書に関する指導を行い、児童生徒の読書経験を豊かなものにすること
四　図書館の利用を通じて、児童生徒に個人としての責任や公衆道徳を教えること

などがあるのだが、こうした活動に積極的に取り組んでいる学校図書館は少数派である。私の通っていた小学校のように、読書指導ができる教職員がいない、教科書以外の本が少ない、古い本ばかりで、貸出を行っていない、昼休みしか開館していないといった現実は、学校図書館の理想に反して、児童生徒、そして教員の中に図書館への不信とあきらめを長く植え付けてきたのである。

とはいえ、こうした状況は決して見過ごされてきたわけではない。特に近年では、高度情報通信社会を見据えた動きが活発化してきている。まず、本やビデオといった図書館資料の貧しさを解消するために、小中学校を対象に「学校図書館図書整備五カ年計画」が始まり、五〇〇億円の予算が用意された。計画終了後も、一九九九年度には地方交付税として一〇〇億円が用意された。今後の課題としては、小中学校だけではなく高校も含めた図書整備計画が必要だろう。

人員の問題についても、一九九七年に学校図書館法が一部改正され、大きな動きを見せている。これまでの法律では、学校図書館の業務を担当する「司書教諭」の配置が実質的には義務づけられておらず、「当分の間……司書教諭を置かないことができる」とされていたのだが、この改正により、司書教諭の配置が二〇〇三年三月三一日までに義務づけられたのである。その一方で、司書教諭の配置義務が一二学級未満の学校を対象としていないことや、これまで学校図書館業務を担当してきた職員(学校司書)との役割分担をどうするか、といった問題もあるが、教員の配置は今後の学校図書館の活動にとって大きな前進となるだろう。

そのほか、「学校図書館情報化・活性化推進モデル地域事業」や、すべての学校をインターネットに接続する計画も進行している。人員の確保、資料の充実といった問題に加えて、今後はマルチメディア資料の収集・提供、情報リテラシー教育などへの取り組みなども重要なものとなっていくだろう。また、地域内の学校図書館同士のネットワーク化や公共図書館との協力関係を深めるケースも増えてきており、その活動はさらに大きな広がりを見せるようになってきている。

今、この原稿を書いている間にも、学校図書館は着々と変化しつつある。その活動が、児童生徒にとってより身近なものとして展開していくことはそれほど遠い将来のことではないだろう。

3　大学図書館——学術資料へのアクセスポイント

一般市民への公開

以前、私が住んでいた地区には、四年制、短期あわせて四つの大学があり、それぞれの構内にいくつかの図書館が設けられていた。母校の図書館もあったが、残りは、私にとっては他校の図書館である。しかし、どの図書館でも、カウンターで名前を書けば入館でき、身分証を持参すれば図書や雑誌を借りることもできた。このように、大学図書館のなかには、その大学に所属する学生や教員だけではなく、一般市民の利用を許可している図書館も増えてきている。では、大学図書館とはいったいどのような特徴を持ち、利用者にどのようなサービスを提供しているのだろうか。

冒頭で述べたように、大学図書館とは、大学、短大、高専といった高等教育機関に設置される施設を指す。学校図書館法のように、単独の法令は存在しないものの、国立学校設置法(第六条)や文部省の大学(短大)設置基準などのなかに細かい規程がある。このため、大学図書館はほぼすべての高等教育機関に付設されていると考えてよい。大規模な総合大学には、学部ごとに図書館が設けられているケースもあり、一九九七年の調査によると、一二四三校に対して一六二二館が設けられている。

大学図書館のサービスは教育機能と研究機能を持っている。つまり大学図書館とは、学生の自主学習を支援するサービスと教員や研究者の研究活動を支援するサービスを行う機関である。したがって、その蔵書には、公共図書館でよく見かける『三日でわかるWINDOWSの使い方』といった実用書は少なく、学部学科のカリキュラムや教員の研究テーマに即した学術資料が大半を占めている。また、近年では、CD－ROMなどのマルチメディア資料の導入や、インターネットを通じた商用データベースの利用環境も整えられてきており、「電子図書館サービス」として、研究室や教室に置かれたパソコンからこれらの資料へとアクセスできるシステムを開発しているところもある。加えて、「学術情報センター」を中心とした大学図書館間の協力ネットワークも広がっており、どの図書館にどんな本があるのか、という情報を得るための総合目録データベースが参加大学の共同作業で作成されている。各参加大学図書館の利用者は、このデータベースをもとに、めざす資料の所在を確かめ、自分が所属する大学の図書館に申し込むことによって、他大学に出向かずとも、その資料の現物やコピーを取り寄せることができるようになっている。こうした専門的で高度な学術情報の提供は、幅広いニーズに応える公共図書館や授業に即した活動を行う学校図書館では実現することが難しいサービスであり、大学図書館サービスの特徴であるといえるだろう。

一般公開の問題点

大学図書館のサービスは一般市民にも公開される傾向にある。ところが、一般公開の試みに関連していくつかの問題が生じていることも一方で報告されている。第一に、大学図書館の一般公開がまだまだ試行の段階にあるため、各大学によって、利用条件が異なっているということがあげられる。たとえば、A大学では貸出はできるが、隣にあるB大学では館内利用しか許可されていない場合がある。また、公共図書館にない資料を利用する場合に限って入館が許されるケースや、利用に際して紹介状や登録料を必要とするところもある。そのほか、他大学からの資料の取り寄せに関しては、学外者からの申し込みを受け付けないケースや、学外者による有料データベースの使用を禁止している図書館も少なくない。もちろん、大学図書館の本来の目的がその大学の学生と教員へのサービスにあることを考えれば、各大学の事情によって、サービスの範囲が異なるのは仕方のないことであろう。ただし、国公立の大学図書館に関しては、それが「国民・住民の財産」であるという観点から、可能な限りそのサービスが公開されなければならないはずである。

第二の問題としては、たとえすべての大学が一般市民へと公開されたとしても、大学や短大そのものが大都市や学園都市などに集中していることから、すべての人が同じ条件で利用することができないということがあげられる。こうした状況を考えるならば、やはり近所にある公共図書館を窓口として、大学図書館へアクセスできるようになるとありがたい。一般公開の次の段階として、異なる館種同士のネットワーク形成が重要な課題であることが見えてくる。

図書館の歴史の中でもっとも早く成立した図書館が、学術資料を扱う大学図書館であるといわれている。こうした歴史を背景として、わが国の大学図書館にも、貴重な学術資料が豊富に所蔵されており、また、ネットワークを活用した先進的な情報検索サービスや相互協力体制の整備も取り組まれている。すでに述べたように、これらのサービスの一般公開には解決しなければならない問題点も多く指摘されている。しかし、生涯学習の浸透、少子化、それにともなう大学の大衆化、大学間競争の激化といった大きな流れは、今後もますます大学教育と市民社会との距離を近づけていくことになるだろう。これからの大学図書館にとって、市民社会への学術情報の提供が、重要な役割の一つとなることは間違いのない点である。

4 国立図書館――国内最大規模の資料センター

納本制度と資料提供サービス

第4章で詳しく述べるが、現代の公共図書館の多くは、相互協力のためのネットワークで結ばれている。つまり、探している本が近所の図書館になくても、県内・市内のほかの図書館にその本があれば、その図書館から取り寄せてもらうことができるのである。ただし、図書館にはそれぞれ収集方針があり、目的とする本が必ずしも近隣の図書館に所蔵されているとは限らない。仮にその本が書店にあるような新刊本であれば、リクエストをして買ってもらうこともできるだろう。しかし、目的の本が、すでに絶版になってしまった古い本であったり、書店には出回らない官公庁の統計書であったりする場合には、新たに購入してもらうことは難しい。「県内のどの図書館を探しても欲しい本が見つからなかった」という苦い経験のある人もいるのではないだろうか。

国立図書館はこうした場合に活用することができる機関である。その名の通り、国家が設置し、費用を負担する機関であり、多くの場合、その国の中央図書館としての役割を果たしている。日本の場合は、一九四八年に設立された「国立国会図書館」がそれに当たり、「日本の民主化と世界平和とに寄与する」(国立国会図書館法序文)ことを目的とし、主に国会議員と国民へのサービスを行う機関として位置づけられている。現在は、東京都千代田区に中央館が設置され、国会議事堂内の分館、支部上野図書館、支部東洋文庫、そして司法各部にある三五の支部図書館から組織されている。

国立国会図書館による国民へのサービスは、第一に「資料の提供」という形で行われる。国立国会図書館法では、国内で出版されたすべての出版物を国立国会図書館に納入することが義務づけられており(「納本制度」と呼ばれる)、こうして集められた本や雑誌が、主に中央館で一般利用に公開されているのである。その範囲は、自治体の統計や報告書にまで及んでおり、「自費出版」という形で出版された自作の詩集や自伝なども、この制度の下で納入が義務づけられている。もちろん、図書や雑誌のほかにも、新聞やパンフレット、住宅地図、楽譜、江戸期以前に作られた写本や巻物などの貴重な資料も収集されており、法律・議会、科学・技術、日本関係資料などについては、海外の主要国で出版された資料もある。一九九八年三月現在の国立国会図書館の蔵書冊数(図書のみ)は七六〇〇万冊を超えており、国内ではもっとも大きい公開資料センターとなっている。

「最後のよりどころ」としての役割

国立国会図書館とそのほかの図書館との大きな違いは、所蔵資料の管理方法にある。第一に、国立国会図書館では大多数の資料が書庫に保管されており、利用申請があった資料を係員が書庫から取り出して利用者に渡す、というシステムをとっている。このため、書棚から自由に本を選び出せる公共図書館や大学図書館のような便利さは小さいといえるだろう。また、国立国会図書館の資料の利用は館内での閲覧とコピーに限られており、個人貸出は行われていない。なぜなら、国立国会図書館には、「文化財の蓄積」(国立国会図書館法二五条)という役割も期待されており、資料の破損や紛失を防ぎ、常に利用できる状態に保つことが義務づけられているからである。こうした特徴を考えるならば、国立国会図書館の利用は、まず近くの図書館でめざすテーマの資料を探し、そこで満足できなかった場合の「最後のよりどころ」として活用する、という方法が有効であろう。

一方、国立国会図書館(中央館)は東京都に設置されているだけで、遠方に住む人にとっては、右のようなサービスを実際に利用することが難しいという側面もある。こうした問題については「対図書館サービス」という形で身近な公共図書館や大学図書館に国立国会図書館の蔵書を貸し出すシステムが確立されている。つまり、利用者は近くの図書館で欲しい資料の借用を申し込み、その資料が国立国会図書館からその図書館へと送られてくるのを待てばよい、というわけである。また、国立国会図書館は、こうした遠方の利用者のために、所蔵資料リスト(『日本全国書誌』毎週金曜日発売)の作成、ホームページでのサービス案内・貴重書画像の公開、電話・FAXでのレファレンス・サービスも行っている。遠隔利用のためのシステムもまた充分に整えられているのである。

最後に付け加えておくと、以上みてきたサービスは原則として「一八歳以上」という利用資格が設けられている。ただし、近隣施設で入手できない資料がある場合は、その資料名を明記した紹介状を持参するか、もしくは近隣施設を窓口としてその資料を取り寄せることができるようになっている。改めて、国立国会図書館の利用が国民の権利として認められていることがわかるだろう。また、現在、京都府相楽郡に建設が進められている関西館と、東京台東区の支部上野図書館施設内に整備されている国際子ども図書館の構想では、電子図書館サービス（本章第6節参照）や子どもへのサービスも検討されている。今後の国民サービスの拡充が期待されるところである。

5 専門図書館——世界を広げてくれる図書館

専門図書館の種類

横浜の「みなとみらい」に「放送ライブラリー」と呼ばれる施設がある。全国のテレビ・ラジオ局の協力で放送番組を収集し、室内のブースで一般に公開する施設である。ドキュメンタリーやニュースといった教養番組のほかにも、過去の「紅白歌合戦」やバラエティなどの懐かしい娯楽番組も無料で見ることができ、連日、多くの利用者でにぎわっている。

一般にはあまり知られていないが、図書館のなかには「専門図書館」と呼ばれる種類がある。公

共・学校・大学・国立という四つの館種には含まれない施設を指し、大きく分けると、

①　ある特定のテーマに関する資料を専門に集めた図書館

②　ある特定のメディアで出版・公開された資料を専門に集めた図書館

③　ある特別な環境に置かれた人々をサービスの対象とする図書館

という三つの性質を持つ図書館であると考えることができる。企業の情報部門や研究所の資料室、自治体の情報センターなどは①のタイプに当たり、「放送ライブラリー」やレコードライブラリーなどは②のタイプとなる。③のタイプとしては、病院や刑務所、老人ホームなどに付設される図書室や点字図書館があり、これらの施設については「特殊図書館」と呼ばれる場合もある。

利用できる専門図書館

専門図書館は、公共図書館のように、そのすべてが市民に公開されているわけではない。病院や刑務所などに付設される図書館(室)の場合は、事実上その施設の入居者しか利用できず、また、営利活動を目的として資料を集める企業の情報部なども、基本的にはその企業の従業員をサービスの対象としている。そのほかの施設についても、学会員や研究者しか利用できないものもある。

とはいえ、私たち市民が自由に利用できる専門図書館も、探してみると意外に多いことがわかる。「放送ライブラリー」のように一般公開を目的に作られた施設や、研究者向けの施設のサービスを一部限定する形で一般向けに公開したもの、さらに近年では、民間企業がその資料室を文化事

東京都内近郊の専門図書館

施設名	活動内容	電話番号
大宅壮一文庫	女性週刊誌や『ザ・テレビジョン』などの大衆雑誌を収集。コンピュータによる最新記事の検索も可能。入館料必要。	03(3303)2000
国民生活センター情報資料室	「PL法」「インターネット関連トラブル」など、消費者問題にかかわる図書や新聞雑誌記事を幅広く収集。雑誌記事データベースから商品テスト結果などを検索できる。	03(3443)1381
食の文化ライブラリー	食文化に関する資料を多く収集。中国食文化コレクションあり。ビデオ視聴可。	03(5250)8357
東京都環境科学研究所資料室	環境問題に関する図書・雑誌を幅広く収集。「放射能汚染」などのテーマごとに新聞記事を切り抜いたスクラップファイルを利用できる。室内でビデオ視聴可。	03(3699)1335
日仏会館図書室	フランス語文献とフランスに関する国内出版物を収集。特に戦前から1960年代のフランス語文献については、ほかの国内図書館にはない貴重な資料が揃う。会員になるとフランスの図書館から文献借用可。	03(5421)7643
日本貿易振興会ジェトロビジネスライブラリー	各国の貿易・経済に関する図書を多数所蔵。特に統計や企業ダイレクトリーは充実。アメリカやEU諸国の貿易統計はCD-ROMでも閲覧可。	03(3582)1775
民主音楽協会民音音楽資料館	音楽関係の図書・楽譜を多数収集。録音資料(CD・レコードなど)の館内視聴可。図書・楽譜・録音資料のコンピュータ検索が可能。演奏用の楽譜もある。	03(5362)3555
横浜美術館美術図書館	美術書全般と展覧会カタログ・所蔵目録の館内閲覧が可能。隣接する「美術情報ライブラリー」では芸術関連ビデオの視聴もできる。	045(221)0316

業として公開するケースも増えつつある。表は都内近郊にある専門図書館の中で、自由に（多くは無料で）利用できる施設を紹介したものである。小規模な施設も多いが、特定のテーマや特定の種類の資料に絞って収集している分、公共図書館などでは見つからない珍しい資料も集められており、使いやすいように独自の方法で整理されている。生活や趣味、仕事のための資料探しに活用できるだろう。また、図書館サービスとは直接には関係ないが、ある特定のテーマを持つ専門図書館などでは、同じ趣味の人に出会える楽しみや、館内・室内の掲示板で研究会の開催を知ったり、「○×の本を譲ります」「吹奏楽団メンバー募集」といった情報を得るメリットもある。専門図書館の利用によって、趣味や仕事の世界がさらに広がる可能性もあるだろう。

ただし、専門図書館は、小さな施設が多く、営利目的ではない施設では、その活動を活発に広報していないところも多い。このため、身近にあってもその存在に気が付きにくいという性格がある。さらにいえば、専門図書館はすべての地域に設置されているわけではない。大企業が大都市に集中するように、専門図書館もまた東京や大阪などに設置される場合が多いのである。地元にある専門図書館を調べるには、『ライブラリーデータ』（教育書籍）や『専門情報機関総覧』（専門図書館協議会）などが便利だが、これらを調べてみて、必要な図書館が近くにないこともあるだろう。そうした場合に、専門図書館の資料を、地元の図書館を窓口として利用できるようになると非常にありがたい。専門図書館とそのほかの図書館とのネットワーク化もまたひとつの課題であろう。

特殊図書館

専門図書館のなかには、病院や刑務所、養護・福祉施設などで生活を送る人びとや身障者をサービス対象とする「特殊図書館」もある。入院患者や拘禁者、高齢者、身障者が、日々の生活のなかで情報や娯楽から隔たれやすいことを考えれば、この図書館もまた重要な施設であるといえるだろう。

ところが、日本の場合、これらの専門図書館はまだまだ十分なものではない。特に入院患者や施設入居者へのサービスに関しては、その施設内部に十分な読書施設を設けているところが少なく、設置されていたとしても小規模なものに止まっているのが現状である。たしかに、この種の専門図書館を利用することは、非日常的なことなのかもしれない。しかしながら、人生のどのような局面にあっても図書館が身近な場所にある、ということはとても心強いものである。公共図書館とのネットワークの推進(団体貸出・自動車図書館の巡回)や公的支援の検討をはじめとして、この種の専門図書館もまた解決しなければならない問題は多い。

6　電子図書館——ネットワーク社会における新しい図書館システム

夢の図書館

「あなたにとってもっとも便利な図書館とはどのようなものですか?」と聞かれたら、どう答えるだろうか。私はまず夜間開館を希望する。学生時代、レポートを書いているときには、大学図書館の閉館が八時では早すぎたし、仕事を始めてからは、公共図書館で本を借りたくても、平日は閉館時間に間に合うことがほとんどなかった。夜一一時くらいまで開館してくれると便利なのだが。

貸出の冊数制限もない方がいい。学生の頃、大学の図書館では「一人五冊」という規則があったのだが、これではレポートが重なる時期には少なすぎる。また、人気の高い本は、予約待ちでなかなか借りられないことがある。最近も『五体不満足』という本を公共図書館に借りに行ったところ、すでに予約者が四〇人近くいてあきらめた覚えがある。読みたい本を読みたいときに読みたいだけ借りたい、図書館を利用したことがある人ならば、一度はこう考えるのではないだろうか。

最近、よく耳にする「電子図書館」は、こうした利用者の希望を叶えてくれるものとして注目されている新しい図書館である。新しいシステムであるため、定義には曖昧な部分があるが、簡単にいうと、電子資料を収集・作成・整理・保存し、インターネットやLAN（ローカル・エリア・ネットワーク）などのネットワーク上で提供する図書館システムを意味している。つまり、このシステムでは、提供される資料がネットワーク上にあるため、たとえばテレビ番組を異なった場所から大勢の人が同時に見るように、ネットワークに接続できる環境さえあれば、大勢が同時にその資料を利用することが可能になるのである。特にインターネット上でその資料が公開される場合には、自宅からはもちろん、全世界どこにいても利用することができるし、二四時間好きな時間にアクセスすることも可能である。したがって、電子図書館の世界では、「閉館時間に間に合わない」と焦ったり、予約待ちでイライラすることもない。もちろん、資料を閲覧するだけではなく、電子メールやインターネット電話を通じて、図書館員に質問することもできる。好きなときに好きな資料を好きなだけ、しかもどこからでも利用できる、電子図書館とは、とても便利な夢の図書館なのである。

さまざまな課題

ところが、である。現実はというと、私たちはいまだに、閉館時間や予約待ちに煩わされたり、久しぶりに行ってみると臨時休館日だったり、借りた本に食べ物の屑がはさまっていて気持ち悪い思いをしたり、と気苦労から解放されることがない。大学図書館のホームページの中には、貴重資料の絵巻物や古文書などの画像を公開しているところもあるが、ベストセラー小説や雑誌論文などを、図書館のホームページ上で自由に読むことはできないのである。なぜなら、電子図書館サービスにはさまざまな問題が指摘されており、現在のところ、一部の図書館で一部のサービスに限って試行されている段階に過ぎないからである。では、具体的にどのような問題があるのか。

たとえば、料金の問題がある。自宅からインターネットを使って図書館サービスを利用する場合は、利用者はまずコンピュータを買い、インターネット接続サービス会社(「プロバイダ」と呼ばれる)に契約料金と使用料を支払い、さらにその接続は電話回線を使用するため、接続時間に応じて電話の通話料も必要となってくる。特にこの問題は公共図書館では重要であり、「無料」「公費負担」という原則の下で電子図書館サービスが展開していくためには、ネットワークへの接続料金を公費で負担できるようにするか、接続料金が図書館への交通費並に下がるのを待たなければならない。

資料の問題もある。今のところ、図書館にある資料の大半は図書であり、電子資料はまだ少ない。仮にこうした図書をネットワーク上で公開するとすれば、まずその本を一ページごとにデジタル化するという気の遠くなる作業が必要になる。そして、どうにかデジタル化できたとしても、その資料をネットワーク上で公開することが法律上可能かどうか、という問題もある(第6章参照)。すでに、インターネット上では、研究者向けの電子雑誌の提供や新聞記事の全文検索などのサービスが行われているし、官公庁のホームページでは各種の統計や報告書も見ることができる。また、個人が開設するホームページの中にも、役立つ情報が多く提供されている。しかし、これらの情報資源を電子図書館サービスの中で、どのように位置づけていくのかもまだはっきりしない。

そのほか、インターネット上で各種サービスを公開することに関するセキュリティの問題もある。誰がいつどこからどのような本を利用した、といった個人情報が流出し、私たちの趣味や関心が第三者に知られてしまうことはとても怖いことである。また、電子図書館サービスを利用するために必要な知識や技術(情報リテラシー)が、世代や生活水準によって格差を生じているという問題も見逃せない。自宅で図書館サービスを利用できる、ということは、忙しい職業人だけではなく、外出が困難な高齢者や身障者にとっても便利なサービスである。すべての人びとが同等に情報機器を使いこなせない現状において、電子図書館サービスを実施することは、人びとの間に「情報弱者」を生み出す可能性があるのではないか。さらにいえば、ネットワーク社会に対応できる図書館職員の研修・教育の問題、電子資料の蓄積を一館単位で行うのか、それとも分担体制で行うのかという問題、個人のホームページによって公開されている情報の信頼性、適法性の問題なども無関係ではない。電子図書館構想の前には、実にさまざまな問題が立ちはだかっているのである。

以上、本節では、電子図書館という新しいシステムについて、市民生活とのかかわりからそのサービスの可能性と問題点を簡単に紹介した。現在、通産省と国立国会図書館が進めている「パイロット電子図書館」では、国立国会図書館所蔵の貴重書、明治期刊行図書、第二次世界大戦前後の刊行図書、出版社から実験用に提供された資料など、約一〇〇〇万ページにのぼる資料が電子化されており、電子図書館の実用性やその問題点の検証が進められている。また、国立国会図書館を中心とした「電子図書館連絡会議」では、各地の大学図書館や公共図書館が参加し、右にあげた問題の解決策を検討している。これらの成果が私たち一般市民にも還元されるよう期待したい。

最後に私見を述べれば、こうした電子図書館に関する議論やプロジェクトは、今のところ図書館関係者が中心となって進められているように思われる。しかし、インターネットというメディアが、今のテレビのような感覚で利用されるようになれば、当然、市民の側からの電子図書館への要望も出てくるはずである。現在、議論されている著作権やコストといった難しい問題も、市民による電子図書館への要望が強まれば、解決の方向へと大きく動き出すのではないだろうか。楽観的だが、私はそう考えている。

●参考文献
国立国会図書館編著『国立国会図書館のしごと——集める・のこす・創り出す』(日外教養選書)、日外アソシエーツ、一九九七
日本図書館協会図書館雑誌編集委員会「特集電子図書館と市民の権利」『図書館雑誌』日本図書館協会、九二巻五号、一九九八
根本彰「どんなときにどの図書館に行ったらよいか」『生活のなかの図書館』第一版、学文社、一九九二
藤野幸雄ほか編『図書館情報学入門』(有斐閣アルマ)、有斐閣、一九九七
森耕一編『図書館法を読む』補訂版、日本図書館協会、一九九五

第3章　豊かな人間形成を——図書館児童室で

百々　佑利子

1　子どものための図書室

お話の好きな子どもたち

図書館には大なり小なり児童書をおいてある場所がある。児童室として独立しているところも一角をくぎったコーナーもあるが、どちらも、ここでは「図書館の児童室」と呼ぶことにする。

図書館の児童室は、多くのことを始めることができるところである。

人間が人間としての生を歩みはじめ、道程をのばしていくときに必要なものが図書館の児童室にはたくさんある。ことばの発達を大いに助けるあらゆるジャンルの本があるというだけでも、図書室はたいした存在である。子どもの想像力をはぐくみ、創造性をつちかい、かけがえのない幼年時代の一刻一刻を満ち足りたものにしていくのに本は貢献する。その信念をもつ人びとが、本を選び集めて、この宝庫の利用を積極的に促してきた。

子どもと子どもの本を主役とした図書館には、東京子ども図書館があり、歴史とすぐれた実績をもつ。大阪国際児童文学館は、豊富な資料を蔵し国際的に活動を展開している。研究者も育てている。また二〇〇〇年の子どもの日に開館の東京・上野の国際子ども図書館も、アジアをはじめ世界の子どもたちと子どもの本を結ぶ夢を実現させようとしている。図書館は粘土板を所蔵した大昔からあったが、いまの日本には、子どものための、小規模で充実した図書館に国際図書館、そして地域の公共図書館児童室があって、利用者を招いている。

トロント市公共図書館の児童図書室を発展させた功労者であり、図書館員として児童文学評論家としても功績のあるリリアン・H・スミスは著書『児童文学論』(石井桃子・瀬田貞二・渡辺茂男訳、岩波書店)のなかで、こう述べている。

「子ども時代は感受性の強い形成期で、非常に染まりやすく、そのうえ時期が短いから、おとな以上に凡作は不必要、かつそれにかまける時間もない。子どものころの印象は、永続する。そしてこの印象が蓄積されて、成人した時にあらわれる人格の型(パターン)となる。そうとすれば、まさに〝子どもはおとなの父〟のことわざどおりである。こう考えてくると、私たちは、子どもが読書からうける印象に、無関心でいていいものだろうか?」

「おとな以上に凡作は不必要」は、至言である。世界中で、図書館に子どものためのへやが整備されてきたのは、たとえていえばやかまし村の子どもたちのようにお話やお話の本が好きな子どもたちがいたからである。リンドグレーン作『やかまし村の子どもたち』(大塚勇三訳、岩波書店)のリーサは、七歳になったときのお誕生日を忘れられない。はじめて自分の部屋の棚に、「じぶんの本十三冊」を並べた日だからである。クリスマスもたのしい思い出だ。学校の先生が、生徒たちみんなにクリスマス・プレゼントとして、本を二冊ずつ注文してくださった。本を持って帰宅途中の描写は次のようである。

「あるいていく途中で、ブリッタは、じぶんのお話の本をとりだして、においをかぎました。それから、みんなも、においをかがしてもらいました。……それから、ブリッタは、声をだして、本を読みはじめました。ほんとは、ブリッタだって、じぶんのおかあさんから、「その本は、クリスマス・イブまで読まずにおきなさいよ。」っていわれていました。でも、ブリッタは、「わたし、ほんとうにちょっと、読むだけだから。」といって、読みはじめたんです。……わたしたちは、だれもかれも、「これは、すごくはらはらするお話だ」とおもいました。それで、わたしたちは、

「ブリッタ、もうちょっと読んでくれない？」

とたのみました。ブリッタは、もうちょっと読みました。」

なんて素朴なお話讃歌、子どもの本讃歌だろう。ブリッタは物語を最後まで読んでしまう。クリスマス・イブまで待てない。「なに、たいしたことないわよ。とにかく、わたし、この本をクリスマス・イブに読むからいいわ」とブリッタはいう。村に図書館があったら、子どもたちはきっと活発な利用者になっただろう。子どもは図書館通いをすれば、お話好き本好きになる。しかし子ども

は、凡作でもお話のとりこになる。それは本屋さんの店先でも、テレビの前でも証明されている。子ども時代はあっというまにすぎてしまうのに、その時代の「読書」が、一生の質を決めるという。そう考えれば、図書館員が厳選した本のある児童室の意義は明らかである。

いまの図書館

現代の図書館には、音楽もあるし絵もある。子どもが入場できる音楽会や絵画展は限られているが、図書館利用者であれば、芸術作品を、レーザーディスクやCDや画集で享受できる。『ピカソ』は「おはなし名画シリーズ」(監修森田義之、企画構成西村和子、文小手鞠るい、博雅堂出版)の一冊だが、印刷の質がよく、一級の画集である。東京でピカソ展が開かれた折、本集収録の「浜辺を駆けるふたりの女」や「人形をもつマヤ」も出展された(子どもの背丈では、光線が乱反射して見づらい)。本物と比較しても、画集の色合いや迫力が堂々たるものであることがわかった。「子どもには最高のものを」というプロの姿勢が本の世界では確かになってきている。製作費を惜しまない本は値段も高くなるが、そのような高価な本こそ、図書館に購入されるのがふさわしい。

図書館に食べものはないし、図書館での飲食はいけない。けれど食べものの本はたくさんある。子どもたちの人気者『ぐりとぐら』(なかがわりえことおおむらゆりこ作、福音館書店)は、森の奥で見つけた大きなたまごと「こむぎこ、ばたー、ぎゅうにゅう、おさとう」をつかって、特大のかすてらをつくり、森のなかまにご馳走する。図書館に生きた象や熊はいないし、原生林もないが、動物の本や森の本はある。『ぐるんぱのようちえん』（西内みなみさく、堀内誠一え、福音館書店）の象ぐるんぱは、ジャングルから出て自分さがしの旅の終着駅を幼稚園経営に見いだす。

本は、アフリカの砂漠も、オーストラリアの熱帯雨林も、人間の目にはとらえられないミクロの世界や地中、そして月のかなたの宇宙のすみずみまでカバーしている。『天地創造』（ぶんとえワイルドスミス、やく上野和子、大日本絵画）の一冊の本に、壮大な神話の世界がみごとに展開されているのを目の当たりにすると、本の力が実感できる。

人間を知るために

プロの本づくりが精魂こめてつくり、プロの図書館員が選んだ本が図書館にはある。子どもたちは、図書館の児童室で、おいおい自分で確かめることになる世界がどんなに変化に富んでいて、どんなに不思議と神秘に満ちているかを知ることができる。図書室に親しんで成長する子どもたちは、象のぐるんぱのように、いつかこの広くて荒々しく魅力的な世界に自力で歩みたいという気持ちを抱くようになるだろう。

子どもたちにとって、何より不思議で神秘的なのは、人間の多様性だろう。図書館の児童室で本を開けば、そこには何万もの人間がひそんでいて、おもて表紙と裏表紙の間にはそれぞれ思いがけない人生が展開されている。それらは、不思議や神秘というものにたいする子どもの感受性を研ぎ澄ます。本に描かれている無数の人生絵図は、子どもたちに、生きていくことは挑戦の連続であ

読書へのさそい（東京都・区立図書館）

り、人生にはたのしいこともあれば、苦しいこともあると示すだろう。

たとえば歯の生えかわりは、子どもが受けなければならない大きな挑戦のひとつである。歯がぐらぐらしはじめ、ある日ぽんとぬけてしまう。喪失ではあるが大人に近づく期待も芽生える。親は、「もう代わりは生えてこないのだから、大人の歯を大事にしなければならないね（そういえば、手だって足だって生えかわることはない。身体のどこもぜんぶ大事にね）」といいきかせる。こういう大きな挑戦に直面したときも本は友だちである。『はがぬけたら　どうするの？』（ヒーラー文、カラス絵、こだまともこ訳、フレーベル館）を読んで、子どもは、口のまわりにただよう重苦しさから解放されるだろう。地球上のあらゆる民族が伝えてきた儀式「ぬけたはの　はなし」が、ユーモラスな文と絵で描かれている。歯抜けになったおかげで、子どもも文化人類学に親しむことができる。本をめくっているうちに、世界中どこででも、子どもは歯の生えかわりを経て大人になる準備をすることが理解できる。伝承の儀式、風俗習慣は多様でも、同じ段階をふんで成長する人間は、まったく平等なのだ。このように「違うことと同じこと」をくっきりと明らかにしてくれるのも本である。

2 人生と本

母語・原書

人生について知ることは、明日を迎える期待と自信の源になる。道程の苦しみも、家族や友人や社会との連帯があれば乗り越えやすい。そして本は、人生は歩む価値のあるものだと認識するよすがとなる。

『ひとまねこざる』(H・A・レイ文絵、光吉夏弥訳、岩波書店)のこざるのジョージは、人間の世界にひとり乗り出す。このシリーズへの評価は多様だが、幼い子どもたちはみんな、ジョージである。子どもたちは原題どおり「curious しりたがりや」で、邦題どおり「ひとまね」をしながら成長していく。その日々はどたばたしているが、どたばたしているのが子どもの現実であり、「きいろいぼうしの　おじさん」が必ず現れると信じているから生きていかれるのだ。

人生のたのしさも不安や苦しみの克服も、本能的な家族の愛情、努力して築く友情、あるいはまったく知らない人間同士が深い知性と理性にもとづいて示しあう崇高な思いやりと慈しみによって可能になることを、子どもたちは母語の本で知る。

いまの児童室の本棚には、英語などの原書もある。日本はアメリカほどの多民族社会ではないが、帰国子女も、海外からの移住者も増えている。日本に居住する子どもたちにとって母語の本を読む重要性が認識されてきた。多言語図書は、さらに充実していくだろう。

原書と邦訳書の両方をそなえている児童室も多い。英語版の *The Little House* (by Virginia Lee Burton) と、日本語版の『ちいさいおうち』(ばーじにあ・りー・ばーとん　ぶんとえ、いしいももこやく、岩波書店)はたいていの図書館にある。『絵本/物語るイラストレーション』(吉田新一著、日本エディタースクール出版部)で、著者は、絵本の *In the Forest* (by Marie Hall Ets)(邦題『もりのなか』)の読み方講座を原書を用いて開いている。読み書きを習う前の「子どものお話では、ことばのリズムと、物語のリズムが、特に大切」とし、原文のテキストを読みとく。テキストでは「昔話の常套的な〝繰り返し〟と、〝積み上げ〟も巧みに生かされて」おり、新展開のつどくりかえされる「When I went for a walk in the forest が、物語にとっていかに大切な働きをしているフレーズであるか、認識できたのではないでしょうか」と問いかける。この鋭い分析と指摘を読むと、私たちも著者の問いかけを原書をかたわらにして考えたくなる。児童室の多言語化は、英語を母語とする子どもたちだけでなく、全ての人びとにとって豊かさをもたらす変化なのである。

しかし人生をより豊かにすごすために芸術に触れ、かつ世界を知るのに、一冊の本ですませるわけにはいかない。十冊でもむりだろう。乱読が必要な時期もある。経済的な面を考えても、図書館は必要である。子どもがとくに気に入った本は購入すればよいが、どれがお気に入りになるかを決めるためにも、図書館は役立つ。

文庫、地元の図書館

児童図書室には、のちの章に述べられているように、公共図書館の他に私立の文庫がある。石井桃子氏の「かつら文庫」から松岡享子氏の「東京子ども図書館」など長い歴史をもつもの、「ふきのとう文庫」(札幌)や「ふれあい文庫」(大阪)など病気や障害のある子どもたちのための文庫、国際的な活動をしている文庫、家庭を開放してささやかに営まれているものなど、文庫は多様で数も多い。その運営は、ボランティア、会費、寄付、公共図書館との連動など、いろいろの形態、組み合わせによってなされている。本が子どもの成長期に大きな力を発揮するとの固い信念をもつ有能な人材が文庫を始め、支え、発展させてきた。そのまま「ブンコ」で世界に通用する。日本文化の誇りである。地域密着型、あるいは目的を限定した文庫は、利用者と運営にたずさわる人びとの関わりかたが緊密で、たがいに声が届きやすく、子どもたちの要望もかなえられやすい。

公共図書館の場合、子どものときに通ってみたけれど、それほど役に立たなかった、感銘を受けなかったと思っているかつての利用者もいるかもしれない。図書館の利用は、親が決める。その親は、自分が子どもであったときから、ずいぶん年月が経っていて、現在の図書館の実状を知らないで敬遠しているのかもしれない。しかし住民参加のこの時代、公共図書館は利用者の声を運営に積極的に反映しようとしている。いまわが子のために、そしてまた次にその子どもたちのために、地元の図書館は自分たちにとって役立つものでなければならない。専門知識をもつ図書館司書の養成と採用、ボランティアの参加、蔵書の選択や補充など、図書館の発展は、利用者の協力にかかっている。大勢の親子がつめかけ、児童室の好ましいあり方について要望し発言する児童室には、政府も自治体も予算をつけざるをえないだろう。そうなったら、児童室の利用者は、その地域の文化のにない手としての役割をはたすことになる。

礼儀・連帯感

児童室では、そこにある本などの資料のなかにいる数しれない人びととの出会いがある。そのうえ、生身の人間との出会いもある。児童室で、子を愛する親は礼儀を教えるだろう。児童室にいる館員への「こんにちは」と「さようなら」。借りたり返したりするときの「ありがとう」。本を読んでいる子、本棚をまわっている子、それぞれが自分のいちばんしたいことをしているのだから、そばで騒いだりして、じゃましないこと。そして図書館にある資料は、「みんなの」宝なのだから、まず、手を洗う。本は丁寧に扱う。きちんとそう教えてもらえる子は、幸せである。

図書館では、保育園や幼稚園や小学校の休み時間の運動場とはちがって静かで個人的な時間が流れているが、児童室では「みんなでいっしょ」の時間もある。お話をきくとき、紙芝居や映画を見るとき、読みきかせやパネルシアター、そして伝承の遊びをたのしむときである。歓喜や興奮やおどろきを共有する体験を通して、仲間意識や連帯感がはぐくまれる。

このように、図書館の児童室は多くを始めることができるところである。児童室へ一歩を踏み入れることは、愛するわが子に人生のよい一歩を記させることになる。

乳幼児期からお話や絵本や詩集に親しみ、自分の好みをしっかりともち、どんどん本を手にする子どもには、読書のガイダンスは不要である。しかしすべての子どもたちがそのように恵まれた読書人生のスタートを切るとは限らない。

3 子どもの成長と本

わらべ唄

さいきん二つのことが盛んになったときいた。一つは、地方自治体が、乳幼児の本と読みきかせについてのコースを、両親学級のプログラムにふくめるようになったこと。もう一つは、ニュージーランドなどでかなり昔から実施されてきた「集中読書時間」を、たとえば神奈川県のある中学校のように「朝読書」として実施する小中学校が増加したことである。

子どもの心の発達に重大な関心をよせて、両親学級で乳幼児の読書をとりあげる自治体は、先見の明をもっている。生まれたばかりの赤ん坊に必要なのは、授乳や入浴やおむつ替えや清潔な肌着、そして優しい抱っこだけではない。生まれたての頭脳と心は、別種の栄養も必要としている。それは本能的に昔からわかっていて、幼い子のそばにいる人びとはあやしかけ、子守唄をうたってきた。子守唄は、メロディつきの詩である。うたう詩集は、文字にまとめられなかったにもかかわらず、消滅することなく、世代から世代へ引き継がれてきた。いまでも若者たちは親になったとたんに、「ねんねんころりよ」と自然に口ずさむ。子どもが集団で遊ぶためのわらべ唄の多くが街角できかれなくなった時代に、この眠らせ唄の息の長い伝承は注目すべきである。眠らせ唄を卒業したあとの栄養補給——詩集、絵本、物語——は、本能的にでなく、意識的におこなわなければならない。それが両親学級のおかげもあって定着してきた。

昔がたり

遠い昔から、人間は物語をきいて語ってたのしんだ。物語を記憶し、昼間は物語を遊びの舞台にのせて登場人物になりきる。長じて記憶の引き出しからとりだされた物語を、次世代へ贈った。「むかしむかしあるところに……」の語り手は聞き手たちを魅了したが、共同体の成り立ちに変化が生じ、テレビが登場すると、その影は薄くなりやがて消えた。しかし眠らせ唄同様、昔がたりの話そのものは、消滅しなかった。

語り手や街角のわらべ唄の喪失は残念だが、人間の歴史は、発明の歴史でもある。たいせつな記録や大いなる楽しみのために、本が発明され普及した。そして図書館の児童室で、文庫で、学校の教室で、ストーリーテリングのわざを磨いた語り手たちが、昔がたり、あるいは創作童話の語りをきかせる。わらべ唄の世界にもさまざまな動きがある。谷川俊太郎の詩に曲をつけて演奏する人びとがいる。新作童謡をあつめた童謡祭を開催するグループもある。昔の大家族が、現代では情報通信の進歩とあいまって共同体家族に発展した。それを確かめるためにも、図書館の児童室へ入ってみよう。

児童図書室へ

入口で、図書館の利用者になりたいと申し出る。保険証か運転免許証があれば、自治体によって異なるだろうが、たとえば東京都文京区の場合区内十一館のどこでも使える利用者カードがすぐに無料で作成される。そして「わたしのほんだな」などと名づけられた利用者の手引きをもらう。図書館になじみのない親は、子どもが生まれる前に、利用者カードをつくっておく。

身近にあるいくつかの図書館の児童室を利用しているが、どこでも誠実な対応と豊かな専門知識それに充実した本棚が印象的である。では私たち利用者の留意事項は？　同じである。誠実に本を扱うこと。そして図書館員の豊かな知識と充実した本棚には敬意をあらわそう。幼い子どもの脳裏に、「図書館にいるとき、わたしの親は、幸せそうだ」という印象が刻みこまれるだろう。

入ってみれば、児童室は、意外に空いているかもしれない。少子化社会はわるいことばかりではない。子どものための施設にはいまは余裕がある。この現象は、親にとってみれば、味方である。

ほんはともだち
7がつ14か(すいようび) 3じ30ぷん〜
おおきい かみしばい
ぞうの
ババール
ほかにも なぞなぞをします.
めじろだいとしょかん
3943-5641

図書館の行事

ゆったりした空間、蔵書。掃除がいきとどいていて、きれいだ！　ついでにもうひとついえば、夏は涼しく、冬は暖かい。公共図書館は、住民みんなのもので大いに利用したい。しかし児童室は、公園ではない。保育園でもない。本を選び、読み、借りて返すための施設である。そして児童室の本はみんなのもの、児童室の空間もみんなのものである。そういうことを、おいおい子どもに学ばせよう。

借りた本を、子どもがなめたり投げたり破いたりするのを恐れて、図書館の利用をためらう親もいる。家に一冊か二冊、本なるものを探検し発見するための本を買っておく。そして児童室からいっしょに借り出してきた本は、いっしょに読んで、そのつど図書館用のバッグにしまう。万一破損したら、返却のときに申告する。子どもの見ている前でそうすることで、子どもは学ぶ。乳幼児期の子に完全なマナーを要求する図書館員も納税者もいないはずである。ものがわかる年齢の子が故意に本を傷つけたときは、きちんと叱られ謝るほうがよい。こうして公共のものをたいせつにする心がまえができれば、その子の一生にとって図書館利用ははかりしれない意義があったことになる。

図書館はどこも予算の枠内で精一杯のサービスをめざしているが、地域による違いは大きい。どのようなサービスが望ましく理想的であるかは、ひんぱんに利用しているうちにわかってくるだろう。少ない予算、司書不在、それに本を読まない人々が休憩所がわりに座っているなど、悩みをかかえる図書館もある。利用者の応援は、それらを改善し、社会の文化的なレベルを上げていく。

4 読みきかせ

本とはなんだろう

それは、四角い紙を綴じたもので、それ自体が動いたり鳴いたりはしない。持てるものだとわかると、幼児は、絵本のはじっこをつまんだりする。身体の大きさに比するとずいぶん重いだろうが、指に吸盤でもあるかのように持ち運ぶ。

子どもは、めくるという動作にも興味をもつ。めくればきれいな色や模様が変化することに気づくが、まずは、めくる行為自体が驚異らしい。つかまり立ちをするころに、ちょうどいい高さの台に本をのせて、そこに寄りかかるように立たせると、右に左にからだを揺らしながら、リズムよくページをめくる。

子どもが本を本として認識するのは、親が、たのしげに読みきかせをしてからのことだろう。読みきかせを体験していくうちに、子どもは、それまで「語りかけとうた」で知っていたことばがもたらすよろこびを、親の声と本が連携プレーをしてもたらすのだと知る。

読みかたについて、児童文学者として名高く、東京子ども図書館長であり日本におけるストーリーテリングの指導者でもある松岡享子氏は『えほんのせかい　こどものせかい』（日本エディタースクール出版部）の中で、「ほんとうにいい読み方というのは、読み終わったとき、物語の世界が、聞いた子の心に残る読み方をいうのだと思います。またそういう絵本や本を選んで読んでやりたいと思います」という。

心に残る本を選び「心に残る読み方」でその物語の世界への扉を子に開く、これこそ公共図書館の児童室であるいは文庫で、そして家庭で読みきかせをする人びとに共通する目標であり真実の願いだろう。

ここでもう一度、リリアン・スミスに登場してもらおう。

「子どもたちは未経験なために、そばにあるものなら何でも読む。子どもの本が、ほとんど量産となった今日では、子どもは、経験と喜びを求めるかれらの心を満足させ、現実のかげにある真実を与えてくれるような本には、一冊もめぐりあわずに幼児からおとなになってしまうことも起こりうる。

手のとどく所に、純粋な質をそなえた本が置いてあれば、子どもたちは、くだらない本が侵入してくるのを防ぎとめるだろう。児童図書館の果たしている奇跡は、子どもたちにとって〝魔法の窓〟であり、〝ひらけゴマ〟であり、〝鏡の国〟である。そこを通って子どもたちは、あの驚異と美しさと喜びにみちみちた、果てしなくひろがる理性と空想の国を求めて、いろいろなふしぎの国にはいりこんでいくのである。

児童図書館は、たえず一冊一冊の本をとりあげて〝これは子どもにふさわしい、いい本なのか？〟とたずね、また本の選択についても、扱い方についても、その背後には、児童文学についての健全な理念をもち、また、知識と経験と見識を通じて価値の基準を作りあげてきたのである。このような児童図書館が、文学の精神を支え、それを育てあげているのである。」（前出『児童文学論』）

長い引用になったが、図書館の児童室は、子育てを助け、ことばの発達を促すのに貢献するだけではない。スミスがここに書いているすべて、つまりよい人生に必要なもろもろが始まるところであり、図書館員の努力がそういうところを築きあげてきたということである。いいかえれば、図書館の児童室や文庫がなかったら、「真実を与えてくれる」本にめぐりあわずに成長してしまう恐れがあるということである。

本を読む目的

幼い子は、本を読んでもらうたびに、「メッセージをことばで受けとる」体験、脳を活発に働かせる体験をくりかえす。この体験は誕生直後から可能である。そして日々本を読みきかせてもらえる子は、小さな世界で日々見聞するできごとやささやかな経験を、読書体験によって、さらにふくらませる。この本の力には驚愕すべきものがある。

クシュラという名の二〇代の女性がいる。彼女は重度の障害を持って生まれた。しかし母親は毎日昼も夜も、視力も聴力もおぼつかない幼いわが子に、本を読みきかせた。三歳九カ月になったとき、クシュラの本棚には一四〇冊の絵本や詩集が並び、彼女の言語は医師たちの予想を超えて年齢相応に発達を遂げていることが確認された(『クシュラの奇跡』ドロシー・バトラー著、拙訳、のら書店)。母親にとって、本を読みきかせる目的は、辛いものになりがちな母娘双方の時間を豊かにするためであった。その後母のほうは若くして急逝したが、母の贈りものである「本を読むこと」と「たくさんきいておぼえている物語」を支えに、娘はかけがえのない人生を謳歌している。

個体差はあるが、人間は四歳から六歳ぐらいのあいだに言語の八割を獲得するといわれる。小学校に上がる前の言語獲得(語彙、文章のパターン、言語理解力)の責任は、ひとえに親を中心とした環境にある。その責任を親は、図書館から借りた本の読みきかせによってかるがると、しかも自分もたのしみながら果たすことができる。

読みきかせで、本は生涯の友人になりうる。幼稚園や保育園の年長クラスになると、拾い読みの

クシュラ(右)に本を読むドロシー・バトラー

できる子が増える。この子たちが、本を生涯の友とするようになるかといえば、そうとは限らない。第一の問題は、本がいつもそばにある環境かどうか。図書館の利用が身についていればよい。第二に、字が読めるようになって本がきらいになる子の問題である。

拾い読みの段階にある子を想定しよう。この子は、電柱の広告、お店の屋号、何でも読もうとする。絵本の文章も読む。「くりすます いぶの よるです。さんたくろーすが ぷれぜんとを もってくるんだよ。ぼくと いもうとは ねたふりをして まっていました」という文ならば読むことができるだろう。

けれども『とってもふしぎなクリスマス』(ソーヤー文、クーニー絵、掛川恭子訳、ほるぷ出版)を自力で読みとおすのはまだむりだ。読みきかせてもらえば、貧しい靴屋の三人兄弟の名前が

「フリッツル、フランツル、ハンスル」であることも、子どもたちが愛情とユーモアたっぷりに育てられていることも理解できる。お父さんが「シュニッツル、シュノッツル、シュヌーツル」と名づけたシチューを「おなかいっぱいになるまでたべました。もちろんおとうさんはふざけているだけでしたが、それでもそのふざけたことばあそびのおかげで、シチューはずっとおいしくなりました」という文章もそのニュアンスも、きちんと理解できる。けれども、親は読みきかせてくれないかもしれない。うちの子、もう字が読めるのだから、と。

しかし幼児の字を読む技術と子どもの理解力とは、次元が全く異なる。ひとの心を理解する幼児の力は、大人には計り知れないほど深い。だが字を読めるようになったと安心して親が読みきかせをやめてしまえば、子は自分のまだまだ低い技術に見あう文章の本しか読むことができない。イラストレーションを脇においてテキストの内容についてのみいえば、クリスマスに寝たふりをしてサンタを待つストーリーは凡庸すぎる。心が求めるクリスマスの物語を、自分ではまだ読めない。読みきかせをしてもらえないこの子は、遠からず本から離れていくだろう。スミスのいうようにこの子の人生の型がこうして決まっていく。

5 図書館は天国(ボルヘス)

調べ学習・学級文庫

学校に上がって、調べ学習がはじまると、学校図書館のみならず、地域の公共図書館は大いに頼りにされる。公共図書館にはレファレンス・サービスがあり、調べたいテーマにそった参考図書、文献を教えてくれる。資料がなくても、地域内のどの図書館にあるかをつきとめて、とり寄せてくれる。

図書館のほうにもいろいろと苦労がある。たとえば、揃えておく本の冊数である。生徒たちが特定のテーマについて調べる時期が集中する。一時期に何十冊も同じ本が必要になる。そしてその後一年間は、それらの本は本棚で眠っている。しかしそれが公共図書館のいいところかもしれない。図書館は、子どものぜいたくな宝物殿であってほしい。市民としては、調べ学習のための本の購入を受容したい。保管場所の拡張についても応援をしたい。教育は、倹約してはいけない。

『幼ものがたり』(石井桃子著、福音館)の中で著者が、浦和町立兼女子師範付属の小学校に大正の初期に学級文庫ができて、本を借りて帰ることができるようになったときのことを感動的に記している。

「もう帰り道のさびしさはなくなった。私は、家まで帰りつくのも待てないで、わざわざ裏道を選んで、そろそろと読みながら帰るようになった。そういう本のなかには、小波山人の再話になる『日本昔噺』や『世界昔噺』、また『アリス』の再話や『アラビアン・ナイト』などもあったようである。そのようなお話は力強く、私のきれぎれの思索は、それに太刀打ちできなかった。」

幼い少女のとき、学級文庫によって新しい世界からの挑戦をうけたこのひとが、のちに日本の児童文学界を導く作家、研究者、翻訳者、編集者、文庫の創設者になるのである。

現代の小中学校の学級文庫の全てが充実しているとはいいがたいようだ。学校に通う年齢でも本を粗末に扱う生徒がいる。本のすばらしさ、本棚の存在意義を実感した体験が欠けているからだ。司書教諭が学校にいて、あるいは「集中読書時間」があって、本と読書について思いをめぐらせたことのある子どもたちは、学校図書館や学級文庫で年齢不相応の行動をとることはないだろう。子どもたちが保健室よりも図書室に足を向けるようになれば、学校はずいぶん変わるだろう。

児童サービス・司書

人口に対する図書館の数や司書教諭や司書の数によっても、社会の文化度は計られる。司書は、親や保育者の相談にのり、調べ学習の相談にのり適切な資料を教え、病気や障害の子どもたちに本を届け、文庫やネットワークを紹介する。点訳の本、軽くて安全な布の本をふくめて、全ての子どもが個性的な能力を駆使して本をたのしめるようにする。司書に寄せられる期待はとても大きい。

図書館司書になる司書課程のカリキュラムに「児童サービス論」が加わった。その教授書である『児童サービス論』(佐藤涼子編、教育史料出版会、一九九八)の序で編者は、「公共図書館における〝児童サービス〟は、子どもたちが育ち、子どもたちを育ててゆくために欠かせない条件の大きな一つである」という。もちろん利用する市民(大人)の側にも、児童図書室にかんする正しい認識が求められている。サービスを受ける子どもたちが直接に声を上げることは難しく、司書と、子どもの読書活動に関心を抱く利用者とが、未来の児童図書室の質を決めていくのである。

司書をめざす人びとのこの教授書の第一章「児童と読書・図書館」には、「児童と関係法規」について、「児童憲章」「児童福祉法」そして「児童の権利に関する条約」の抜粋が記載され、全ての子どもたちに大人が保証すべき権利が明確にされている。

図書館の立地条件あるいは利用者の要求度などによって異なるだろうが、児童図書室のサービスの多彩さは本書を読むとよくわかる。もっとも重要なのは蔵書の質である。選書に主体性を発揮できない子どものために、図書館員が本を選ぶ。「自分で評価する」「子どもに代わって評価する」「蔵書全体としての関係において評価する」「継続して評価する」等がその基準である。継続して評価する、というのは、本を購入したのちも、利用状況や子どもの声に注意を払っていく、という意味であり、司書および児童室担当の館員の役割の重要性がここでもわかる。

「たましいのふしぎ」

河合隼雄氏は『物語とふしぎ』(岩波書店)のなかで、児童文学を子どもだけでなく大人にも読むようにすすめる理由についてこう書いている。

「〝私〟のふしぎを追求していると、〝たましい〟のふしぎに突き当たらざるをえない。……〝たましい〟の現実を見る目は、子どもの方が持っている。そのような子どもの澄んだ五感で捉えた世界が、児童文学のなかに語られている。……〝たましい〟というのは、直接にちゃんと定義するなどということはできない。しかし、それは、死んだときにあちらに持っていけるものだ、などと考えてみることもできる。」

この世で子どもの本に語られている「たましいのふしぎ」だけは、あの世にいても追求しつづけることができるようだ。アメリカからメールで、南米文学の代表的な作家、ホルヘ・ルイス・ボルヘス（一八九九―一九八六）のことばを送ってくれたひとがいた。「私は子どものころから、天国とは図書館のようなところだろうとおもってきた」。ボルヘスは、図書館で本を読みふける時間の意味をよく知っていたにちがいない。いまはちょっと高みにある図書館で「たましいのふしぎ」について考えをめぐらせているだろう。

いまの日本では誰にとっても、図書館は、すぐ先の通りを渡ったところにある。その扉は、誰でも開けることができる。そこでどれだけのことを始めようとするかは、親の考える子にとっての天国の定義にかかっている。

●参考文献
佐藤涼子『児童サービス論』（新編　図書館学教育史料集成）教育史料出版会、一九九八
フェイジックほか編『本・子ども・図書館　リリアン・スミスが求めた世界』高鷲・高橋共訳、全国学校図書館協議会、一九九三

第4章　みんなのための図書館サービス

登　淳子

1　まず本を借りてみよう

閲覧と本の並び方

まちの図書館に行くと、どんなサービスが受けられるのか。この章では、現在の図書館が展開するさまざまな利用者サービスとその利用法について紹介する。

図書館と聞いてまず思い浮かぶのは、本を借りる場所というイメージだ。そこでまず、本を借りることから話を始めよう。これは「貸出」サービスと呼ばれる。

今あなたが本を借りるために、図書館にやって来たとしよう。図書館に来ると、まず最初に書棚を眺めて本を探してみると思う。

まちの図書館はだれでも自由に入って本を見ることができる。館内で本を読むことを、図書館では「閲覧」と呼び、本が並んでいる書棚のことを「書架」と呼ぶ。耳慣れない言葉だが、図書館の職員は普通に使用することが多いので、ここで知っておこう。

書架にある本は、分野別に一定の決まりを持って並べられている。この規則は、日本十進分類法（通称NDC）というものだが、知らなくても大丈夫、まず図書館の入り口には、フロア全体の案内図があるので、これで大まかな本の位置が確認できる。また、書架ごとにラベルで「日本の小説」「哲学・宗教」「経済学」「料理」「スポーツ」といった案内が付いているので、これらを辿っていけばよい。このラベルのなかから探している分野が見つかれば、その書架まで到達することができる。

ところで、この日本十進分類法を知っていると、図書館で本を探すのがぐんと楽になる。図書館の本の配列が一目でわかり、迷うことなく自分の求める書架を見つけることができるからだ。詳しくは第5章で述べている。分類記号にある0～9の意味をまず記憶しよう。それだけでも、図書館の利用がスムーズに運ぶはずである。

利用者登録は簡単

借りたい本が書架で見つかったなら、初めての人はまず利用者登録をしよう。手続きは簡単である。所定の用紙に氏名や住所、勤務先・通学先などを記入し、住所の証明になる学生証や免許証等を示すと、すぐに貸出券が作成され、その場で本を借りて帰ることができる。

公共図書館は自治体の税金で運営されるため、利用対象者はまずその住民である。というわけで、登録は従来、図書館のある自治体の在住・在勤者とされてきたが、この制限は次第に緩和されてきている。本来、公共図書館とは「いつでもどこでもだれにでも」利用できる施設と考えられている。

この利用者登録をしてもらい、図書館が貸出記録を持つことで、図書館は他の利用希望者があった時にその本が貸出中であることがわかるようにしてある。この時、もちろん利用者のプライバシーは保護されている。個人の貸出記録は他の人に知らせてはならないという点は図書館側で固く守られているし、返却後、この記録は消去されて残らないから安心である。

所蔵確認――その本は図書館で所蔵しているか

借りようとした本が、すぐ見つかるならよいが「思いつく書架を眺めたが、欲しい本が見あたらない」ということはよくある。この時「この図書館には本がない」と簡単に諦めてしまわないように。一言で「貸出」といっても、欲しい本を探しそれを手にするまでのプロセスは、単純なようで、実に奥が深い。

ここで、図書館の所蔵目録をひくことを覚えよう。つまり目的の本が所蔵されているかを確かめるのである。所蔵に記載があれば、その本の請求記号から館内のどの場所にあるかが確認できる。「請求記号」とは、本の背についているラベルの番号と同じもので、本の番地のような役割をしている。

公共図書館の目録は、従来のカード目録から、最近はコンピュータ目録へと変わりつつある。カード目録は、書名の五十音順に情報が並ぶため、書名が正確にわからないと探せなかったが、コンピュータ目録では、書名中の単語（「キーワード」と呼ぶ）でも検索可能である。また所蔵情報とともに、貸出中といった在架情報も即座にわかる点が便利である。使い勝手も工夫されており、キーボード操作に慣れていれば小学生でも違和感なく使いこなせる。初めての人でも臆することなく使ってみよう。

それから目録類をひくときは、図書だけでひとまとめになっているものが多い点に注意したい。つまり、雑誌や外国語図書、音楽ＣＤやビデオなどは、別の目録に分かれている場合が多いので、これらを使い分ける必要があるということも知っておこう。

在架確認――その本は所定の書架にあるか

「目録には載っていた。所蔵しているようだが、本は見つからない」こんなときは、書架をもう一度見直してみよう。本は実にさまざまな方法で、並べられている。

図書館の書架には、自由に本が取れる「開架」と、事務室の奥にある「閉架」の二通りがある。古い本や貴重書は閉架書庫に入れられていて、目録で調べてからカウンターで請求し、書庫から出してもらう。これを「出納」と呼ぶ。開架にある本でも、貸出中だったり、補修中という場合もある。つまりいま目の前の書架の本だけがすべてではないということを頭に入れておこう。

本の内容や形態によっても、配置場所を違えてある。図鑑や辞典、百科事典などは調査研究資料として、一定の場所に集められ、同時に利用できるようにしてある。これらは図書館用語では「参考図書」と呼ばれる。文庫本や新書判、大型の画集などは、大きさを揃えて別の書架に置かれることが多い。新刊書は目に付きやすいように、入り口近くの新着図書コーナーに並べられる、話題のテーマに沿った本を集めて特設コーナーが作られるといった工夫も館内には施されている。さらに、今日返却された本は、職員の手によって書架に戻されるまで、カウンター脇に並べられているので、人気の高い本ならここは要チェックである。さらに出版年が古く痛みの激しい本や利用度の落ちた本は、書庫に仕舞われている。逆によく利用される本は、心ない人がいれば、所定の場所に戻さず、とんでもない場所に置いたままという事故もある。

「探してもわからない」ならば、近くにいる司書をつかまえて聞いてみることだ。これは、書店と同じで、館内をよく知っている人に聞くのが一番である。

便利な予約サービス

本がすでに貸出中の時には、予約サービスを活用しよう。

所定の用紙に読みたい本を記入して、カウンターに申し込んでおく。すると、返却されたときに家まで電話連絡してくれるというサービスである。忙しい人は、留守番電話に入れてもらうか勤務先に連絡してもらう。電話連絡の時には、本の書名は本人にしか伝えないように配慮され、ここでもプライバシーが守られているから安心である。

予約サービスは、購入希望というもうひとつの意味を持っている。これは「リクエスト」とも呼ばれる。予約と同様の様式で、所蔵していない本の購入を申し込むことができる。購入希望が出た本は、図書館側で新たに購入するかを検討し、その結果を連絡する。図書館にはそれぞれの収集方針がある。その収集範囲と予算に応じて購入を決め、購入できないものはその理由を伝えてくれる。

図書館協力がバックアップ

予約サービスの延長として、他の図書館の所蔵資料を取り寄せて貸出するサービスもある。図書館間のネットワーク化が進み、図書館同士が互いに電話やファックスなどで連絡して相互貸借をするもので、「図書館協力」と呼ばれる。ひとつの図書館で持てる蔵書量には限りがあるが、自治体内、それ以上と、多くの図書館とつながり、互いに資料をやりとりすることで、利用できる本の幅は格段に広がってゆく。予約した本を受け取ったら、遙か遠方の図書館から借りてくれた本だったということが、普通に行われている。こうして地元の図書館の窓口から、広く全国各地の図書館の本が手にできるようになってきている。

図書館の間では、一定の役割分担がなされている。市町村立図書館で所蔵しないものは、近隣の図書館や県立に、それでもないものは国立国会図書館にというように、本の貸借には棲み分けがなされている。市町村立図書館は住民に直接サービスする。県立図書館はその市町村をバックアップする。さらに国会図書館はそれをバックアップするとともに、国の文化的成果を永久保存している。このため、国会図書館の資料は、個人への貸出はされず、図書館への保管サービスとして貸出される。また、大学図書館や専門図書館は、一般の人に貸出するところは少ないが、公共図書館とネットワークを結び貸出サービスを始めたところもある。

まずは自分の住むまちの図書館に聞いてみよう。その小さな窓口の向こうには、多くの図書館とのパイプがつながっている。

2 図書館で本を調べるには

レファレンスサービスとはなにか

図書館は本を貸出すほかに、本の内容を調べ、利用者の資料調査の手助けをする所である。図書館では「レファレンス」や「参考調査」と呼ばれ、本の貸出と同じくらい、ごく日常的なサービスである。

たとえば、「富士山についての本ありますか」と司書に尋ねたら、ここから先はレファレンスである。図書館の本は、主題別に並んでいて、質問のような「富士山」という項目では一カ所にまとまっていない。このような漠然とした質問に対して、具体的に富士山の何が知りたいのかを聞いて、登山記を探しているのなら紀行文、山の地形や火山についてなら地学、富士登山の準備についてならスポーツ、画集や写真集なら芸術関係の書架へというように、該当する本がある書架へと案内するサービスである。

レファレンスとは本探しの相談に応じるほかにも、本を使って調査の援助をしたり、その資料紹介をするなど、本と人を結ぶ図書館の基本的なサービスである。だから、自分で探してみて「よくわからない」と思った時は、図書館の司書をつかまえてどんどん質問しよう。あなたの疑問を一緒に考えてくれるはずだ。

質問内容のパターンはさまざまである

レファレンスサービスには、いくつかのパターンがある。

「川端康成の『雪国』を読みたいのだが」といった具体的な本の所蔵を確認する調査、「アインシュタインの伝記はあるか」「漱石の『草枕』の英訳本を見たい」「映画『眺めのいい部屋』の原作はあるか」といった本の存在自体を確認する調査、「東京都の人口を調べたい」「唱歌『花』の作詞作曲は誰か」「長嶋茂雄が現役を引退したのは何年で何歳の時か」といった事実を確認する調査、「この辞典の調べ方を教えて」という資料利用の案内など。図書館での質問といっても、その内容は多種多様である。またこれを調べる図書館の資料も実に多岐にわたっていて、資料調査に慣れていないと、どの資料から探せばよいのか見当もつかない。

最近では、本探しの相談カウンターを、貸出用カウンターとは別に設置して、レファレンスサービスを明確に打ち出す図書館も出てきている。これによって、質問者はゆっくり相談ができ、また応える図書館側も貸出返却作業に追われながらの応対ではなく、お互いじっくりとレファレンスに取り組むことが可能になっている。

聞き方にはコツがある

ところで図書館で質問をするときにはコツがある。それまでにわかったことは、どんなに小さなことでも詳細に伝えることだ。

たとえば、探している本の書名だけを言うのではなく、著者名や出版社名、出版年など、知っていることは一緒に伝える。これらは図書館で書誌情報と呼ばれる事項で、氾濫する多くの出版物のなかから目的の本を特定する手がかりとなる。また、書名が正確でなくても、著者名や出版社目録などの別の角度から本を早く探しあてることができる。

それから、その本がどう必要なのかを伝えておくとよい。「本の解説が読みたいから平成四年刊の文庫本が必要」といった限定的な要求もあれば、「内容が同じであれば、だれの訳本でも構わない」といった広い要求もある。後者であれば、原著者名の著作目録や全集の収録作品まで調査の枠を広げてもらうことができる。「この本でなくても同じ内容がわかればよい」という一言があれば、類書を紹介してもらうことができる。

さらに、出典を明確に伝えることが大切である。人の記憶というのは、案外あやふやで、「楽しいゲームの本」ではなく「ゆかいなゲームの本」であったというような記憶違いは、実によくある。質問の書名が新刊書でもなく、国会図書館の目録にも見当たらなければ、かなりあやしい。質問するときに「〇〇新聞の書評欄で紹介されていた作品」といった出典を一言添えると、記事を読み直して書名の再確認ができる。調査すると、翻訳ものでまだ日本では未刊行の作品であったり、図書ではなく雑誌の記事のタイトルだったということもある。これでは、ただ目録類を探しただけではなかなか見つけられない。このように、質問者のふとした一言が、答えを見つけ出すための貴重な手がかりとなるのである。

図書館の答えは何通りもある

図書館の人にちょっと質問しただけなのに、「なぜそれが必要なのか」「学校の宿題か」「どの程度知りたいのか」など、いろいろうるさく尋ねられて戸惑った、こんな経験をした人もいるだろう。実はこれは、図書館の司書がレファレンスに必要な情報を得るためのインタビューである。質問者がどんな資料を求めているのかを会話のなかから摑み、それに合った本を探すためのヒントを探しているのである。

学校の試験問題と違って、図書館で得られる答えは、唯一無二の正答というものではない。この本にはこのようなことが書いてあるというのが答えであり、解釈の違いや諸説あるといった場合のように、ときに幾通りもの違った本の記述が何通りもの答えとなることもある。したがって、複数の資料を調べて回答することも、図書館調査の基本とされる。そして、いうならば、その回答を得た質問者の満足度が高いほど、サービス効果が高いということになる。

筆者がレファレンスで失敗するのは、質問に対して、調査過程で見つけた資料はすべて紹介しようとついつい欲張ってしまうことだ。これは資料を網羅的に探したい人にはよいが、資料慣れしていない人には、こんなに大量に読まないと結果が得られないのかと、気後れさせてしまう。

質問者が「どう調べたいのか」によって、百科事典のコンパクトな情報か、多くの資料から集めた網羅的な情報かが違ってくる。レファレンスは、質問者と図書館職員との対話をもとに行われる。この意味でも、質問するときは、なにをなぜどのように知りたいのか、司書によく話して明確に伝えておく方が、後で思うような答えが返ってくるのではないかと思う。このような点で、図書館のレファレンスは、非常に人間的なサービスである。

レファレンスも図書館協力がバックアップ

ひとつの図書館が所蔵する本の数には限りがあるので、いつでもそこで満足する調査ができるとは限らない。その図書館にある本だけでは調査困難なときは、他にどんな調査機関があるかを質問者に案内する。これは「類縁機関紹介」や「レフェラルサービス」と呼ばれる。

このほか、図書館が直接、他の図書館に調査を依頼することもある。貸出資料と同様に、レファレンスサービスもまた図書館同士が協力し合っている。市町村立図書館でわからないことは、県立や国会図書館に問い合わせる。より専門的な質問なら、たとえば音楽大学の資料室に聞くという場合もある。多くの調査機関が存在するなかで、どこに問い合わせていいかわからないときは、まずまちの図書館に尋ねてみよう。探し方の糸口を教えてもらえるはずである。

一方で、大きな図書館がなんでも詳しいというわけではない。ごく一地域についての内容であれば、その地域の図書館が最も詳しい。まちの図書館はその地域の情報センターであり、郷土資料は責任をもって集め保存する役割がある。ごく限られた地域の情報は、そこでしか蓄積できない貴重なものだからある。たとえば、地域に関する新聞や雑誌の記事をクリッピングして整理しておいたり、地域住民の人材情報を集めたりするなど、独自の収集内容が考えられる。このように、日々まちの図書館で情報を蓄積し整備しておくことによって、いつでも地域の質問に応えることができる。このような間接的な情報提供も、公共図書館の大切なレファレンスサービスのひとつである。

なぜ図書館は、人の読みたい本や知りたいことを、どこまでも突き詰めて探してくれるのか。それが図書館の使命だからである。

かつて秦の始皇帝が、異質な思想を弾圧するために多くの本を焼き払ったように、かつて日本の歴史のなかでも、その思想や出版によって人が弾圧された時代があったように、書物が伝える情報は時に、人びとに大きな影響を与える。言い換えるなら、人は情報を得ることによって、その知識と思想を構築していく。そしてこの「知る権利」を保障し自由な考え方を保障しているのが、公共図書館である。しばしば、公共図書館は無料の貸本屋とどう違うのかといった議論がなされるが、営利を追求せずに万人に等しく情報アクセスを保障しているという点で、他とは大きく違っている。

3　みんなが使える図書館

忙しい人はどう利用するか

図書館では、貸出レファレンスのほかにも、さまざまなサービスを用意している。たとえば一言で図書館の利用者といっても、年齢層は広く、子ども、学生、主婦、勤め人、高齢者など、それぞれのライフサイクルによって図書館の利用の仕方は違う。

現代人は忙しい。まちに図書館があるのは知っているが、開館時間が短くて、とても利用できないという人も多いが、いま一度、近所の図書館に開館時間を確認してみよう。最近の図書館は、夜七時過ぎまで開いているところが増えてきている。また休日の開館日も増えている。

それでも、とても開館時間内に図書館に行くことができないという超多忙なサラリーマンには、夜間でも返却できるブックポストがある。また、直接来館しなくても、レファレンスや予約サービスは電話でも受けられるサービスもある。まず読みたい本はまず電話で問い合わせる。所蔵していれば予約し、貸出手続きの時だけカウンターに寄る。そして返却は、閉館時間であればブックポストへ入れるという利用方法が可能である。

子どもと一緒に楽しむには

家事や育児に追われて、とても図書館に寄る余裕がないという人も、一度、近所の図書館を覗いてみてほしい。子ども連れの人や買い物袋をさげた人が、さりげなく本を借りていく姿が、目にとまる。図書館は、息抜きに寄るくらいの気負わない場所である。

たとえば、今夜の献立に悩んだときは、「家事」の書架をみてみよう。手軽な料理本が並んでいる。雑誌のコーナーにいけば、書店と同じ女性誌や文芸誌が表紙を並べている。

フロアの一角には、児童コーナーがあり、目を見張るくらいあふれるばかりの児童書が並んでいる。たくさんの絵本の中から、子どもが自分で好きな本を選ぶことができる。楽しい絵のついた本は、表紙が見えるように立てかけてある。書架は、子どもの背丈を考えた低いものが用意されている。その上には人形やポスターなどが飾られ、子どもが楽しめる雰囲気を作りだしている。じゅうたんを敷いたスペースでは、床に座ったり寝転んだり、楽な姿勢で、絵本を楽しむことができる。字が読めない赤ちゃんのための本もあるので、声を出して読み聞かせてあげよう。

また「おはなし会」が週一回位のペースで開かれているので、親子で参加してみよう。これは、児童書に精通した司書が、子どもたちに二～三作のお話を語ってくれるイベントである。

絵本は、ページを子どもたちに見えるように開いて持って、お話をしてくれる。「ストーリーテリング」といって本を持たない素話や、紙芝居、人形劇などが上演されることもある。

開演時間になると、母親と一緒に、また友達同士誘いあって子どもたちが集まってくる。やがて子どもたちの輪のなかに入って、司書が物語を紡ぎ始める。子どもといっても、幼児から小学生まで年齢もさまざまで、もちろんじっと聞いてくれる子ばかりとは限らない。みんなの目をみて一言一言ていねいに、でも流れを大切にして。自然におはなしの世界へ引き込んでいくには、かなりの技術と経験が必要である。

ヤングアダルトのためのサービス

図書館では、子どもと大人という単純な二つの振り分けの間に、「ヤングアダルト」という世代が重要視されている。

最近「読書離れ」といわれる青少年世代が個々に興味を広げられる本をコーナーに集めたり、交流ノートをおいて、本を媒介に会話を喚起し、読書の楽しさを知ってもらえるように工夫されている。また、「ブックトーク」といって、一つのテーマに沿っていくつかの本の紹介をするサービスがある。たくさんの本のなかから、対象年齢に合った本を選んでそのおもしろさを伝えていく、図書館の本とその利用者を結ぶ図書館の本質的なサービスといえる。

図書館では地域の学校と連携して、授業のなかで図書館の時間をつくってもらい、図書館職員が出張して、おはなし会やブックトークで読書の楽しさを伝えている。紹介した書店で買わなくても図書館で借りて読むことができることを伝え、図書館の利用を紹介している。

近くに図書館がないならば

図書館のない地域には、自動車図書館で出張してサービスする。自動車図書館とは、バスの座席部分に、イスではなく書架を置いてミニ図書館になった形の車で、「ブックモービル」略称「ＢＭ」とも呼ばれている。月に数回、決められたサービスポイントを巡回し、閲覧や貸出サービスを行う。利用方法は図書館に出掛けた時ともちろん同じ、車に積まれていない本は予約も受け付けてくれ、次の巡回に用意していくといった工夫をしている。

また、個人への貸出ではなく、団体に対してまとめて一定期間貸出をする「団体貸出」サービスもある。たとえば、幼い子どもをもつ母親の文庫グループに児童書を貸出したり、学校の教材用として資料を貸すなど、利用対象もさまざまである。

だれにでも利用できるように

この自動車図書館や団体貸出のように、図書館を利用しにくい人びとに、少しでも使いやすいような利用方法を図書館では模索してきている。図書館サービスを受けられない人、受けにくい状況の人びとに手を差しのべるサービスを「アウトリーチサービス」と呼んでいる。

よく行われているサービスとして、高齢であったり、身体に障害があって自由に読書を楽しめない人に、図書館は進んで手を差しのべる。

視力が弱くて文字が読めない人には、対面朗読をする、点字本や大活字本を揃える、朗読テープを作成するといったサービスをする。図書館設備として、拡大読書器や拡大鏡を用意しておくこともある。耳の不自由な人には、筆談で応対したり、手話でコミュニケーションする。

対面朗読や手話、点訳資料の作成といったことは、技術と訓練が必要である。このための研修を行い、職員やボランティアを養成する図書館もある。

車イスでも利用できるように、書架の間は大きくとり、階段の横にはスロープを用意する。体が不自由で来館が難しい人のためには、本の目録を郵送したり、本を宅配する。

それから、日本語が読めない外国人も、図書館を使いにくい人たちである。残念ながら外国語の資料は公共図書館に全体的に少ない。英語以外の外国語資料となると、集めることもそれを使ってサービスすることも難しい。これに対して図書館では、館内の案内板を外国語併記に変えてみるといった身近なところから少しずつ始めている。また韓国人の住民が多い地域の図書館では、韓国語資料の収集に力を入れ韓国語資料コーナーを作るといった実践がされている。図書館職員の言語知識を深める研修の実施や、その言語に精通した利用者の協力を積極的に求めて、サービスを展開するなどの取り組みが図書館でなされている。

このほか、病院を訪問して、図書館に来ることのできない入院患者に本を貸出したり、おはなし会を開くサービスをする図書館がある。刑務所内の人の利用を考える図書館もあるなど、その利用対象はさまざまである。

このように、図書館の利用をすべての人に保証することは、公共図書館の大切な使命である。公共図書館は、住民の「知る権利」を「すべての人に」「平等に」保証するための機関であり、だれにでも障害のない図書館利用を追求していくのは、当然の姿だからである。

4 本と利用者を結ぶために

開架から広がる読書のたのしさ

図書館の利用方法は、その目的によってもさまざまである。調査を目的に来館した人と、読書を楽しむために来館した人では、図書館に期待する形態は違ってくる。特定の資料を求めてきた人と、なんとなく立ち寄った人とでも違ってくる。

「なにかおもしろい本はないだろうか」そんな軽い気持ちで、ぶらりと図書館を訪れる人は少なくない。まちの図書館では、ソファに腰掛け気ままにページをめくる人たちでいっぱいである。このように図書館には、自由に本を手に取ってパラパラと眺める楽しさがある。この試し読みは、「ブラウジング」と呼ばれる。

興味をひかれる本を求めて、書架の間を歩いてみる。小説を読むのが好きな人は、「文学」の書架を歩くだけで胸がわくわくしてくるだろう。好きな作家の書いた本の一群を眺めると、こんな作品もあったのかと新たな発見がある。ゆっくり読みたいと思えば貸出手続きをする。文学のなかでも細かく書架が分かれているので、913日本の小説のほかに911詩、914エッセイ・評論、912戯曲など、少し前後も眺めてみると、また新しい本との出会いが待っている。

天文に関心のある人は、「自然科学」の天文学の書架を覗いてみる。そこでは、入門書から専門書まで知りたいレベルと内容に合わせて、いろいろな本が揃っている。「宇宙の歴史」は440天文学概論のところにある。「星座のはなし」や「ブラックホール」については443恒星天文学、「ハレー彗星」「獅子座流星群」なら447流星の場所、近くの書架には関連した分野の本が並んでいて、派生するかのように多方面へと視野が広がってゆく。このように図書館の書架は、眺めて歩くだけで自ずと知識や興味を広げてくれる宝探しのような楽しさがある。

宝探しというなら、雑誌も貴重な資料の宝庫である。「ハレー彗星」のような一時期話題に上った事柄なら、科学雑誌のバックナンバーや、当時の情報誌などに、詳しい記事がきっと見つかる。好きだった映画の話題や、子どもの頃読んだ絵本をまた見てみたい、といった希望も、図書館が叶えてくれるかも。こんな形で、過去の資料をさかのぼって調べることができるのも、図書館ならではの便利なところである。

本以外の資料もたくさんある

図書館の本というと、堅くて難しいというイメージがまだある人は、ぜひ一度、近くの図書館を訪れてほしい。書架には、利用者の生活全般に渡って、学術的なものから娯楽的なものまで幅広いジャンルの本が集められている。今ではマンガを収集する公共図書館もある。

そして図書館にある資料は本だけではない。カセットテープ、レコード、ビデオ、CD、LDなどの映像や音楽資料を集める図書館が増えている。貸出はしている所とそうでない所があるが、鑑賞するためのブースが用意されているので、館内で楽しむことが可能である。たとえば「ラップとはどんな音楽なのか」という質問には、どんな事典の言葉よりも自分の耳で聴いた方がわかるだろう。映像や音楽資料もりっぱな図書館資料である。そのほかにユニークな媒体として、ポスターや複製絵画を集め、貸出をする図書館もある。

CD-ROM検索とインターネットサービス

図書館の資料は本の形態に限らない。紙媒体に限らず情報そのものを提供するという視点で、図書館サービスは展開されている。

パソコンが設置してあり、市販のCD-ROMソフトが検索できる公共図書館では、たとえば新聞記事の検索などは、紙資料よりも早く正確にできて、調査に有効である。

インターネットの利用者への開放を始めた図書館もある。これには、どこまでの内容を情報提供するのか、その利用料金の徴収についてはどうするのかなど、まだ図書館界で結論がまとまらない問題も多い。すでに現実問題として、コンピュータ機器を持つ財力や、それを使いこなす知識の有無によって、情報格差は生まれている。この点を、すべての人に等しく情報を提供しすべての人の「知る権利」を保障するという使命をもった公共図書館で、どう考えるかが課題だろう。

また最近では、図書館独自のホームページを作成するところも出てきた。ネット上で施設紹介や所蔵目録が見えて、そこがどんな図書館なのか求める資料がありそうかなどが、図書館へ行かなくてもわかるようになっている。これに加えて、貸出予約ができたり、調査依頼を通信で受け取る図書館もある。

複写サービスの正しい利用法

図書館の本は、著作権法の定める範囲内であれば、複写することができる。著作権では、個人の調査研究用に、一人一部、著作物の一部分を複写することが許されている（第6章参照）。

図書館の一角にはコピー機が設置され、自分で自由にコピーできることが多い。めんどうな複写手続きがいらずに自由にコピーできるのは、複写要求が最大限応じられ、プライバシーが守られる反面、複写を安易に考えがちになるので注意したい。たとえば雑誌の最新号や地図一枚の全体を、勝手に複写するのは、著作権で認められた範囲を越えており著作権法違反である。こういったことは、職員が直接説明できない場合でも、わかるような説明書きが必ず貼ってあるはずだ。法律上、図書館の本の複写は、所蔵する図書館が責任をもって行うとされている。

またコピー機を設置すること自体が図書館のサービスであるかの誤解を招きやすいが、図書館のコピー機はあくまで資料の複写サービスのために置かれている。したがって、ついでに友達のノートもコピーして帰ろうというのはサービス外であるので、これも注意したい。

イベントの企画と広報

図書館ではさまざまな文化行事が企画される。たとえば、文学講座や読書会、講演会は、本と出会うきっかけを多くの人に持ってもらうことで、読書活動を支援している。

読書会とは、文字通りみんなで読書しその本について話をする会のことである。取り上げる本を決めて参加者にあらかじめ本を読んできてもらい、それについて自由に意見を述べ合うのが一般的である。これを機会に多くの本に親しみ、また感想を人と話し合うことで、自分一人で読書するのとはまた違った刺激を受けることができる。

講演会や映画会も方法はさまざまである。たとえば作家を講師として招いて、その人の著作について自由に話してもらう。名作映画を、フィルムを借りて上映する。これらの後に、関連した本を図書館が紹介して、その本が図書館に行けば読めるということをアピールする。こうしたきっかけから読書の楽しさを伝え、そして図書館利用を促してゆく。

このほか、句会や展覧会など広く文化活動を展開し、さまざまな企画を立てて、利用者を文化活動に啓発している。料金は無料ということが多い。館内のポスターや、広報のお知らせなど見逃さないようにしよう。

最近、確実に利用者に喜ばれているイベントとして（これを図書館のサービスと呼ぶのか迷うのだが）、リサイクル本の提供がある。図書館の収蔵能力には限りがあるので、各々の図書館では廃棄基準を持ち、これに照らして本を処分していくのだが、これを安価または無料で利用者に提供するイベントである。ただ廃棄するのではなく、こうして本がまた使ってくれる人の手へと渡っていくことになる。

図書館でもらえるパンフレット

それぞれの図書館では、独自の図書館だよりを発行している。内容は、休館日のお知らせや利用案内あり、新着図書情報あり、イベント情報あり、さまざまである。

図書館だよりは、貸出カウンターの横などに置いて、自由に持って帰ることができる。その隣には、休館日の案内や図書館の使い方のパンフレットなども置かれている。

行政資料コーナーへ行けば、まちの役所に置いてある自治体からのお知らせが手に入る。「保養施設使用の案内」「癌検診の日程」「高齢者のための料理教室」などなど。さらにこれからのまちの福祉政策が知りたくなったら、自治体の計画書がないか書架へ行って探してみよう。

入り口近くの掲示板には、近くの文学館や博物館での催し物の案内ポスターが貼られ、そのパンフレットが用意されている。企画内容や交通機関など詳しいことが知りたくなったら、雑誌コーナーの情報誌や広報などを調べてみよう。

本に親しむ環境づくり

図書館では静かに本を読みたい人がいる。彼らは当然館内に静粛な場を求める。なんとなくふらりと立ち寄って、気軽に本を手にする人がいる。彼らは図書館では、余暇をのんびり楽める場にしたい。一方で、子ども連れで訪れた人は、子どもと一緒に楽しみたいと思う。本のお話が楽しければ、子どもは笑ったりはしゃいだりするから、図書館では自由に読書を楽しめる場を求める。グループ学習の調べ物にきた学生たちは、話し合いながら本探しをするし、友人と待ち合わせをする人に一言も会話するなというのは無理である。しかし、おしゃべりが高じれば周りの迷惑になる。

図書館という空間は、利用する人それぞれの利用形態がある。映画館のように、みんなが黙ってストーリーを追うのでもなく、また喫茶店のように、個々に談笑するのでもない。それぞれが、それぞれの求める本と、個々に向き合っている場所であり、お互いが気持ち良く過ごすには、そのための空間づくりと利用する各人のマナーが求められる。

建物に入ったら、ちょっとあたりを見回してみよう。書架はただ無造作に並べてあるだけではなく、うまくそれぞれの空間を仕切って配置されていることに気づくだろう。また、それぞれの場所に用意されたイスや机の形が違っていることにも理由がある。読書をのんびり楽しみたい人は、ゆったりしたソファが楽でいい。調査を目的に来た人は、ある程度広い机で、まわりに煩わされない一人掛けの空間が用意されている。子どもたちのためには、楽しく絵本を読める子ども専用のスペースがある。グループで資料を使うなら、併設した集会室を借りておくのもひとつの方法だ。友達との待ち合わせなら、入ってすぐの雑誌コーナーが丁度いい。雑誌を読むのにはちょっと腰かけるくらいのイスも用意されている。

最近では、じゅうたんや畳敷きのスペースを作る図書館も増えてきた。隅には将棋や碁石を用意するところもある。座り込んでも、寝転んでもよし、自由にくつろいでもらいたいということである。館内にBGMを流す図書館もある。

ある公園の中に建つ図書館では、庭園まで出て青空の下で読書を楽しめるようにした。館内に庭園を造ってしまった図書館もある。新幹線の車体を再利用して図書館を造ったユニークな例まで登場している。

図書館はひとり静かに本を読むだけの場所ではなくなった。それぞれが自由に読書を楽しみ、新たな本との出会いを求めて集まり憩う場となってきている。

明るく開放的な空間で、のんびりイスに座って新聞を広げる。隣に並ぶ本や新聞は新刊書も多く、ちょっとした書店なみの眺めである。しかも図書館の本は自由に手にとることができ、借りて帰って家でゆっくり読むこともできる。もし欲しい本が見つからなければ、職員に相談してみる。そこで所蔵がなくても購入希望を出したり、他から取り寄せてもらえることもある。入手できない資料は、どこでなら見られるのか調べてもらえる。図書館は住民のさまざまな知りたいという欲求に応えてくれる知識の宝庫である。

そしてなにより、図書館にはすべての人に平等に開かれた書架がある。思い思いの書架の前に立って手にできる、未知なる知識との出会いが図書館にはある。

いろいろな立場の利用を考えて、図書館ではさまざまなサービスを展開している。これを上手に活用して生活に役立てていきたい。利用する私たちが、まちの図書館を育てるのだから。

●参考文献

前園主計編著『図書館サービス論』（新現代図書館学講座4）東京書籍、一九九八
日本図書館協会編集『図書館はいま　白書・日本の図書館一九九七』日本図書館協会、一九九七
図書館問題研究会編『図説図書館のすべて　改訂新版』ほるぷ出版、一九八五
岩猿敏夫ほか『新・図書館学ハンドブック』雄山閣出版、一九八四

右の図書のほか、利用者向けのビデオ「図書館の達人シリーズ」（紀伊國屋書店製作、日本図書館協会企画）がわかりやすい。

第5章　資料と資料の探し方

松本　勝久

1　図書館が提供する資料と並べ方

図書館が提供する資料

図書館は、司書が選んだりするほか、寄贈されたり、利用者のリクエストに応えたりして、さまざまな資料を所蔵している。そして、それらを十分に利用できるように工夫して提供している。

いちばん多く見かける資料は、この本のように印刷して製本してあり、書棚に立てて並べてある本であろう。新しく入ってきた本だけ集めて、目立つように区別して置いてあるであろう。もちろん、子ども向けの本や紙芝居などもあるであろう。そして、雑誌や新聞などはよく利用されるものだし、各種パンフレットや地図を集めていたりもする。また、広報や議会の議事録のような行政資料などをふくめて、その市や町、地域に関係する資料だけ集めたコーナーも設けているであろう。これらのなかには、書店で入手できないものも多い。

さらに、カセット・テープやＣＤ、ビデオやＤＶＤなどの視聴覚資料も充実してきている。なかには、美術工芸品やポスター、標本や立体模型などを提供するところもある。このように、図書館はメディアの形態にかかわらず、あらゆる公共の情報を自由に利用できるように提供している。

ところで、書棚だけをみて、目的の資料が無かったとあきらめていないであろうか？　少し古い本は書庫に収めてあるかもしれないし、逆に、新しい本は利用できるように準備中ということもある。あるいは、ほかの誰かが借り出しているのかもしれない。

第4章で詳しく述べているように、たいていの図書館はリクエスト制度を設けている。そして、誰かが借りている場合は、予約して次に借りることができる。また、その図書館が所蔵していなかったとしても、その図書館にふさわしいような資料であれば購入してもらうこともできる。あるいは、図書館間相互貸借制度（ILL；Inter Library Loan）を利用して、所蔵している図書館から借り受けてもらうこともできる。このように、図書館が提供している資料のこと、その並べ方や探し方のことをよく知っていれば、身近にある図書館を何倍にも活用できる。

資料の並べ方と分類表

書棚をみてみると、書名や内容が似た本が、隣り合って順序よく並んでいることに気づくであろう。図書館は、本が伝えようとする内容にしたがって分類し、置く場所を決めているからである。

ところで、幅広く多様な知識をどのような基準で分類するのか、人によってずいぶんと考え方に差がある。そのために、誰にでも共通して認識でき、わかりやすくて使いやすい基準が必要になる。それが、資料分類表である。そして、使用する図書館の館種や性格、蔵書の構成や量に応じて、どういう知識をどのように展開するのか（論理的観点）、どのように体系化するのか（構造）、どういう記号を使用して表現するのか（記号法）といったことを考慮して、作成してある。

したがって、その図書館がどういう資料分類表を使用しているのかを知っておくことも、上手に利用する方法の一つである。どの図書館も、どの資料分類表を使用しているかを、入り口付近に掲示しているはずである。

日本十進分類法

日本のほとんどの公共図書館や学校図書館、大学図書館で使用している資料分類表が、『日本十進分類法（NDC；Nippon Decimal Classification）』である。このように、あらゆる知識を対象にして、すべての図書館が使用できるよう工夫している資料分類表を、一般分類表とよんでいる。

この『ＮＤＣ』は、世界中で最も多く使用している『デューイ十進分類法（DDC；Dewey Decimal Classification）』をモデルとして作られている。したがって、両者は主題の並べ方に多少の違いはあるものの、非常によく似ている。決定的な違いは、『ＮＤＣ』では、地理で区分できる主題は日本を、言語で区分できる主題は日本語が最初に来るように編成していることである。日本の図書館が提供する資料のほとんどは、日本語で書き、何らかの形で日本に関係する内容をもつものだからである。

この『NDC』は、一つ一つの知識を、それぞれ一〇以内に分類しながら階層的に項目を建て、十進式のアラビア数字で表現する。このような方式を、十進分類法とよんでいる。たとえば、次ページに図示したように、知識全体を「3社会科学」や「5技術・工学」といった「類」に分け、「5技術・工学」という「類」を「53機械工学」や「54電気工学」といった「綱」に、さらに「53機械工学」という「綱」を「531機械力学」や「532機械工作」といった「目」に分ける。このように、一般的なものから具体的なものになるように、木から枝へ、枝から葉へと順々に、主題(Subject)を並べていくのである。

そして、辞典や年鑑といった資料の形態的特徴や、学説史や歴史的論述といった記述の特徴、地名や言語名などの事項といったように、主題の間で共通している要素は分離してある。これらは、補助表とよぶ別表にまとめてあり、主題と合成して使用することにしている。このことを、ナンバー・ビルディングとよんでいる。

ところで、同一の分類記号の箇所に多数の資料が集中しすぎることがある。とりわけ、「9文学」のなかでも、「913日本の小説」はその最も集中する箇所であろう。そこで、それぞれの図書館が独自に、「夏目漱石」ならば「Na」「ナ」「な」、「芥川竜之介」であれば「Ak」「ア」「あ」といったように、著者の姓の一部などを使用して、さらに順序づける工夫をしている。

なお、一つの資料に複数以上の主題がある場合は、最初のまたは最も重要な主題のもとで分類す

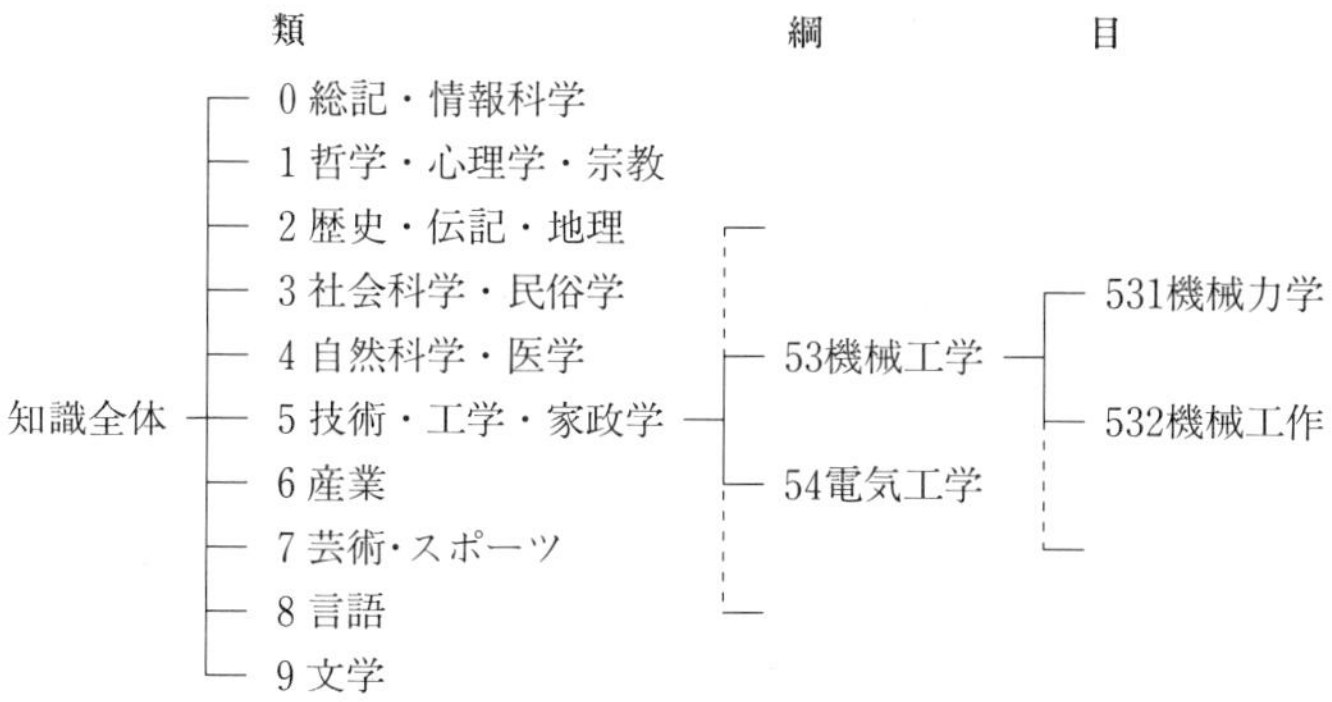

ることになっている。また、主題の数が四つ以上ある場合は、それらを包含する一つ上位の主題のもとに分類することになっている。

ほかの図書館で使用している分類表

公共図書館以外では、ほかの分類表を使用していることもある。たとえば、国立国会図書館は、『国立国会図書館分類表（NDLC；National Diet Library Classification）』という独自の分類表を使用している。この分類表は、大量の資料を詳細に分類するために、主題ごとにアルファベットとアラビア数字を組み合わせ、同じレベルの項目数を飛躍的に増大させた、非十進式分類表である。そして、国会に附属する図書館という性格から、各国の法律・政治・行政を政体との関係で類別した議会資料・法令資料や、逐次刊行資料などにも体系上の項目を設けて、資料群の分散を防いでいる。逆に、分類記号に論理性がないほか、共通した補助表が設けていないなど使用しづらい面もある。そのために、国立国会図書館以外ではほとんど使用していない。

この『ＮＤＬＣ』がモデルとしたのは、アメリカの『議会図書館分類表（LCC；Library of Congress Classification）』である。『ＬＣＣ』は、アメリカ合衆国内外の大学図書館など大規模図書館が使用している。日本でも、いくつかの大学図書館が洋書の分類に使用している。それは、議会図書館が豊富なサービスを提供しているためである。しかし、『ＬＣＣ』は医学関係の主題の使用を中止しており、その部分を『国立医学図書館分類表（NLMC；National Library of Medicine Classification）』が代替している。この『ＮＬＭＣ』は、『ＬＣＣ』を基にして、医学関係の主題を集中し、詳細に展開できるよう工夫した専門分類表である。日本でも、医学部の図書館などで使用しているところがある。

また、科学技術系の図書館や書誌、企業での文書管理などでは、『国際十進分類法（UDC：Universal Decimal Classification）』が、普及している。『ＵＤＣ』が、複数以上の主題を並列して表現できるため、学術論文や研究資料といった詳細な分類ができるためである。そして、国際情報ドキュメンテーション連盟（FID；Fédération Internationale de Documentation et Information）という国際機関が厳密に維持・管理しているためである。

なお、日本でよく使用する分類表を、次ページにまとめて比較対照しておいた。

名称・略称	日本十進分類法 (NDC)	国立国会図書館分類表 (NDLC)	国際十進分類法(UDC)
原著者 初版刊行年	もりきよし 1929	国立国会図書館 1963-1968	国際書誌学会 1905
維持管理者 最新版	日本図書館協会 新訂9版　1995	国立国会図書館 改訂版　1987	国際情報ドキュメンテーション連盟 国際中間版　1993 日本語中間版第3版　1994
論理的観点	階層分類法	階層分類法	階層分類法
構造	列挙型分類表	列挙型分類表	列挙・合成型分類表
体系	0　総記・情報科学 1　哲学・心理学・宗教 2　歴史・伝記・地理 3　社会科学 4　自然科学・医学 5　技術・工学・家政学 6　産業 7　芸術・スポーツ 8　言語 9　文学	A　政治・法律・行政 B　議会資料 C　法令資料 D　経済・産業 E　社会・労働 F　教育 G　歴史・地理 H　哲学・宗教 K　芸術・言語・文学 M　科学技術・数物系 N　機械系 P　化学系 R　生物系 S　人類系 U　学術一般・ジャーナリズム・図書館・書誌 W　古書・貴重書 Y　児童図書・教科書・簡易整理図書・専門資料室資料・特殊資料 Z　逐次刊行物	0　総記 1　哲学 2　宗教 3　社会科学 4　語学 5　自然科学 6　技術 7　芸術・レクリエーション 8　文学 9　地理・歴史
記号法	アラビア数字による十進式純粋記号法	ローマ字(1字または2字)とアラビア数字(1-999)の組合せによる混合記号法	アラビア数字から成る標数を固有の意味を持つ組合せ記号と組合せ原則によって連結する混合記号法(固有名称についてはローマ字での省略型)

2 資料を探す道具

本を探す

図書館を利用する人は、いろいろな手がかりを思い浮かべながら自分の必要とする本を探すことであろう。『こころ』というような書名や「夏目漱石」というような著者名であったり、「夏目漱石の作品に関する評論」というような件名(Subject)かもしれない。ところが、図書館は同じ本を手がかりとなるほどの数だけ揃えることはできない。むしろ、できるだけ多くのタイトルの本を提供するために、同じ本が重複しないよう心がけている。

そのために、「資料目録」を作って、手がかりとなるいくつかの項目を、体系的にまとめて提示している。そして、つぎのような一連のデータを提供している。すなわち、

「タイトル」——書名や副書名、巻次といった資料の名前に関する事項。

「責任表示」——その資料が出来上がるのに果たしたそれぞれの役割を示す事項。具体的には、著者や編者だけではなく、絵本の画家や写真家など。

「版表示」——その資料自体の版に関する事項。これによって、同じ「タイトル」であっても、改訂再版や第二版は、初版や第一版のものとは異なることが判る。

「出版地」、「出版者」、「出版年」——その資料の出版を特定する事項。

「ページ数」、「大きさ」、「シリーズ」――その資料の形態的特徴を示す事項。

「ＩＳＢＮ」、「ＩＳＳＮ」――国際標準コード（後述）。

などである。そして、この「資料目録」のメディアは、冊子体やカードから、コンピュータを利用した「機械可読目録」(MARC；MAchine Readable Catalog) へと変化してきている。

まず、冊子体目録は、多数の同じ主題に関する項目を同一ページに掲載できるため一覧性に優れている。しかし、削除や訂正が容易でなく、収録期間が限定されるという短所があった。つぎに、カード目録は、書名や著者名、件名や分類記号などを、標目とよぶ一つ一つの見出し語ごとに作成する方式である。そのため、それぞれの標目の種類ごとに五十音順などで並べて、書名目録や著者名目録などを自在に編成でき、挿入や削除も容易にできた。しかし、カード目録は、収納に広いスペースを必要とし、設置された場所でしか閲覧できないという難点があった。

これらに対して、コンピュータを利用するＭＡＲＣは、全く次元の異なる方法を実現している。まず、複数以上の主題や書誌事項を組み合わせて検索できるだけでなく、書名や著者名などが正確に読めなかったり、それが断片であったりした場合でも検索できる。そして、更新頻度を高めることができるため、非常にカレントなデータを提供できる。さらに、誰でもが図書館外からも自在に利用できる。これは、オンライン利用者閲覧目録（OPAC；Online Public Access Catalog）とよび、インターネットを利用したものも増加してきている。

また、冊子体目録の役割は、ＣＤ－ＲＯＭ（Compact Disc Read Only Memory）やＤＶＤ－ＲＯＭ

（Digital Versatile Disc Read Only Memory）といったパッケージ型メディアが、担うようになってきている。すでに、多くの図書館の蔵書目録や永い伝統を誇る出版目録、逐次刊行物目録、索引誌や抄録誌などが、つぎつぎにCD－ROMやDVD－ROMになってきている。とくに、過去に遡って膨大なデータを網羅的に検索する際に、威力を発揮している。

雑誌論文を探す

雑誌は、最新号や比較的新しいものは、雑誌だけを集めたコーナーや書棚に置いてある。しかし、バックナンバーは、製本して別の書棚や書庫に置いてあることも多い。

ところで、雑誌に掲載された個々の論文などは、なかなか探し出しにくい資料である。雑誌が決まっていれば、それぞれの雑誌の累積索引や年度末号などが掲載する総目次を利用する方法もある。しかし、それでは必要な主題に関する論文を網羅的に探し出せない。しかも、書店の店頭に並ばず存在自体がよく判らないため、灰色文献（グレイリテラチャー）とよぶ資料がある。それらのなかには、技術リポートや博士論文、学会や研究会の会議資料など、利用価値の高い資料がある。

こうした資料を探し出す道具が、「索引誌」や「抄録誌」、「目次速報誌」といった書誌である。

まず、「抄録誌」は、文献に何が書いてあるかが判る要約に、タイトル名、著者名、雑誌名・巻号、発行年月などの書誌事項と、さらに件名や分類などを付けて、分野別や項目別、アルファベット順などでリストにしたものである。たとえば、科学技術振興事業団が編集する『科学技術文献速報』は、「電気工学編」などの一二分野別の分冊で、年間一〇〇万件以上の世界の主要な科学技術文献を日本語抄録付きで網羅している。各文献は、「JICST科学技術分類表」にもとづいて分類してあり、著者名や資料名など、多数の項目から検索できる。なお、「JICST」は、日本科学技術情報センター（The Japan Information Center of Science & Technology）という、同事業団に改組する前の略語である。

つぎに、「索引誌」は、書誌事項を件名順や分類順などでリストし、各種の索引を付けたものである。たとえば、日本で刊行された学術誌や大学紀要、専門誌などに掲載された論文などは、国立国会図書館編集の『雑誌記事索引』と、その累積版で探せる。なお、『雑誌記事索引』は、印刷による冊子体での刊行は一九九六年度で中止している。かわって、CD－ROM版の「NDL CD－ROM Line 雑誌記事索引」で、一九七五年以降のデータを遡及版とカレント版で提供している。一方で、『週刊朝日』や『週刊新潮』といった週刊誌や女性誌、総合月刊誌などに掲載された記事は、『大宅壮一文庫雑誌記事索引』で探せる。この記事索引は、明治時代から現在までの雑誌一万種類について、特定の個人別「人名索引」や、流行語や時事的な事項別・事件別「件名索引」によって分類している。明治時代から一九九五年までの記事索引は冊子体で、また、一九九二年以降はCD－ROM版で提供している。

そして、「目次速報誌」は、学術雑誌などの最新号の目次ページを編集して提供するものである。世界中の研究者が利用しているものに、アメリカのISI（Institute for Scientific Information）社の科学技術、社会科学、人文・芸術関係の各分野別に発行している“*Current Contents*”がある。

このような「書誌」も、「資料目録」同様につぎつぎにデータベースになっており、書誌情報検索サービスを利用したり、遡及データのCD－ROM版を利用できる。とりわけ、電子ジャーナル化された学術雑誌については、インターネットでカレントデータを検索できるだけでなく、電子メールによる配信サービスを無料で利用できる。

3 資料目録の標準化

目録規則

ネットワーク化は、情報流通のあらゆる要素の標準化から成り立っている。そして、目録規則は、資料目録に記載するデータと表記方法の標準を定めたものである。世界で最も普及しているのは、『英米目録規則第二版（AACR2；Anglo-American Cataloging Rules 2nd ed.）』である。しかし、『NDC』同様に、日本のほとんどの図書館は、永らく『日本目録規則（NCR；Nippon Cataloging Rules）』を使用している。もちろん、この『NCR』も、国際標準書誌記述（ISBD；International Standard Bibliographic Description）といった、国際標準をとりいれている。

その最も新しいのは、『日本目録規則一九八七年版』（『同改訂版』は一九九四年刊行）である。この『NCR一九八七』は、より詳細なデータを提供するために、三つのレベルで構成する書誌階層を導入している。すなわち、物理的な一冊を「基礎書誌単位」として中心におき、「文学全集」といったように数冊をまとめる概念を「集合書誌単位」とし、逆に論文集のなかの個別の論文といったように物理的に独立していないものを「構成書誌単位」として、それぞれリンクさせるのである。

ところで、目録規則では、各々のデータを採る場所も定めている。それは、資料によっては、記述している場所によってデータが異なる場合があるためである。そして、『NCR』では、「標題紙」と「奥付」から採ることを原則にしている。「標題紙」というのは、この本のようなスタイルの本で、最初に印刷されていて書名や著者名などが書いてあるページを言い、「奥付」は逆に最後のページにあって書名や著者名のほか出版年や出版者名などが書いてある部分である。なお、洋書には「奥付」が無いために、それに相当する「標題紙裏」から採ることになっている。

国際標準コード

資料目録は、国際標準化機構(ISO; International Organization for Standardization)が制定する「国際標準図書番号」と「国際標準逐次刊行資料番号」の二つの国際標準コードを記載している。まず、国際標準図書番号(ISBN; International Standard Book Number)は、世界中で刊行されるそれぞれの本を識別するためのものである。日本は、一九八〇年から使用している。

このISBNは、本の裏表紙などにISBN 4-7620-0920-2のように記載してある記号である。そして、グループ別記号(1~5桁)、出版者記号(2~7桁)、タイトル記号(6~1桁)、検査数字(1

桁)の、アラビア数字で表現する四つの記号群で成っており、全体で10桁になるよう調整してある。また、同じ著者で同じタイトルの本であっても、版や装丁など少しでも異なれば、別のタイトル記号を付けることになっている。したがって、ＩＳＢＮは、個別の本を探すときに役立つ記号である。

なお、グループ別記号は、言語や国、地理区分などを指標にして決めてある。たとえば、0または1は英語、4は日本語、7は中国、957は台湾を示している。したがって、日本で出版された本は、ほとんど4になっているはずである。

一方で、国際標準逐次刊行資料番号(ISSN；International Standard Serial Number)は、雑誌などの表紙の右肩などに記載してある記号である。このような逐次的に刊行される資料は、途中で廃刊したり、誌名や発行元が変わったりすることが多い。したがって、このＩＳＳＮで全体を的確に把握し識別しようというのである。このＩＳＳＮは、4桁のアラビア数字2組をハイフンで結んで表現するが、登録受付順に付けるために論理的な意味はない。しかし、ユネスコが支援する国際逐次刊行物データシステム(ISDS；International Serials Data System)が提供する『ISDS Register』で、ＩＳＳＮ索引から誌名を、逆にキータイトルからＩＳＳＮを検索できる。なお、ＩＳＳＮ日本センターは、国立国会図書館に置かれている。

共同目録作業と書誌調整

個々の図書館が単独で資料目録を作成した場合、分類法と目録法という標準コードがあるものの、担当者の主観を全く排除できない。すなわち、データそのものの統一ができない。しかも、人的にも経済的にも効率が良くない。このような観点から、中心的機関が標準的な資料目録を作成して、共同利用しようという考えが生まれた。それが、共同目録作業や書誌調整である。

まず、共同目録作業の例としては、書誌ユーティリティ（共同目録事業体）がある。こちらは、いくつかの図書館で共同利用する総合目録データベースを作成するもので、目録作成を合理化するだけでなく、図書館情報ネットワークの形成と密接な関係をもっている。とくに、学術情報の分野で発達しており、世界的に著名なアメリカのＯＣＬＣ（Online Computer Library Center）などがある。日本でも、国立情報学研究所が、全国の大学図書館の総合目録データベース（NACSIS-CAT）を作成している。なおこの名称は、この研究所の前身である文部省学術情報センター（NACSIS : National Academic Center for Science Information System）に由来している。

そして、書誌調整の例としては、ＣＩＰ（Cataloging In Publication）がある。これは、アメリカの議会図書館が著作権審査機関という立場から、一九七六年に開始したサービスである。すなわち、著作権審査の際に作成した書誌事項を、各出版者にフィードバックするものである。そして、各出版者が、各出版物の標題紙裏に印刷して提供するので、この名称がある。イギリス、ドイツ、カナダなどでも実施しているが、日本では一部の出版社が独自に実施している例があるに過ぎない。

4 コンピュータ目録を使う

コンピュータ目録

図書館の蔵書目録は、コンピュータを使用して提供するMARCが一般的になってきている。それは、これまでの書名や著者名、件名などに制約されることなく、収録項目すべてを検索に使用できるからであり、さらに、あらゆるサービスの基盤として活用できるからである。

たとえば、国立国会図書館は、同館に納本された最新収録データである『日本全国書誌』をMARCにしている。これを、JAPAN-MARCとよんでいる。ただ、納本後に処理するために、新刊書であっても刊行後半年以上もデータがないというタイムラグがある。

一方で、大学の図書館は、個々にMARC化を進める一方で、前述のようにNACSIS-CATに参加して、所蔵する図書と学術雑誌を共同分担方式で一元的なMARCを作っている。ただし、各館が採録したデータを単純に集約したに過ぎず、典拠をとっていないという問題がある。

そして、公共図書館も、民間MARCを導入するなどして、そのMARCを構築している。その理由は、民間MARCが本の刊行と同時に処理され、カレントだからである。なお、民間MARCというのは、出版取次などが全国各地の書店を結んだ情報検索システムで使用している書誌データである。たとえば、トーハンと図書館流通センターとの共同のTRC-MARC(CD-ROM版は、TRCD)や、日本出版販売と紀伊國屋書店のNS－MARC(同、N－BISC)などである。

コンピュータ目録の検索方法

コンピュータ目録は、項目ごとにいくつかの検索語と論理演算子を適宜組み合わせて検索式を作り、検索する。たとえば、下図に示したように、「夏目漱石」と『こころ』を検索語にした例にしてみよう。論理積(AND)を使用すると、「夏目漱石」と同時に『こころ』という主題に限定する。これに対して、論理和(OR)を使用すると、「夏目漱石」か『こころ』のどちらか一つでも主題として持つ文献がすべて検索される。そして、論理差(NOT)を使用すると、「夏目漱石」という主題をもっているが、『こころ』という主題をもっていない文献を検索できる。これらの検索戦略を使うことによって、必要な資料に関する広範囲な情報を、短時間に、漏れなく、あるいはノイズ(不要なデータ)を排除して検索できる。

ところで、「図書館」や「図書室」、「ライブラリー」ということばのように語彙に概念の包含関係があったり、異音同義語があったりする。あるいは、方言や歴史的な語彙、省略形や複合語、カタカナ異表記といった、表記の多様性

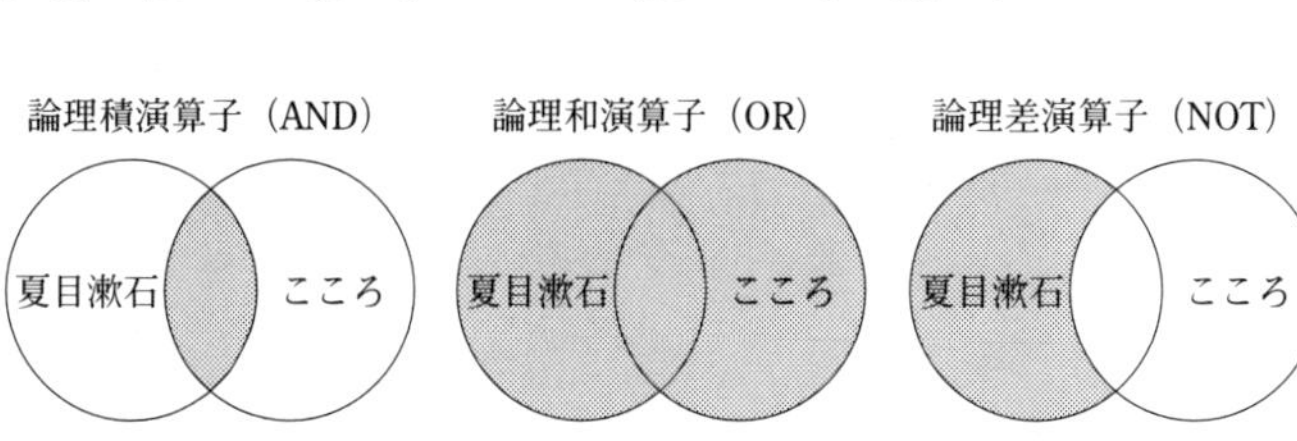

がある。また、英語などの単語には、語尾変化がある。したがって、効率的な検索のためには、検索語間の概念の上下関係や関連関係などを示し、使用する検索語(Descriptor)を階層的に表示しておく必要がある。この検索語のリストをシソーラス(Thesaurus)とよぶ。それぞれのデータベースが、『ＪＩＣＳＴ科学技術用語シソーラス』など、固有にもっている。

5 インターネットで探す

書誌情報のネットワーク化

コンピュータ目録は、図書館内からだけではなく、館外からも自在に利用できるようになっている。とくに、インターネットを利用したＯＰＡＣサービスは爆発的に増加してきている。

アメリカの議会図書館(http://www.loc.gov)や英国図書館(http://www.bl.uk)といった欧米の国立図書館や、世界中の主要な大学や研究機関の附属図書館などの蔵書目録は、インターネット上で無料で検索できる。それらは「世界の図書館」(http://www.tulips.tsukuba.ac.jp)といったリンク集から容易にたどっていける。

そして、国立国会図書館(http://www.ndl.go.jp/)の「Ｗｅｂ－ＯＰＡＣ」は、一九四八年以降受入分の和図書二〇〇万件などが検索できる。それ以前のものは「ＮＤＬ ＣＤ－ＲＯＭ Ｌｉｎｅ明治期」および同「大正期」などで提供している。

また、国立国会図書館は、都道府県立など及び政令指定都市立図書館との間で「総合目録ネットワーク」事業を始めた。これは、JAPAN-MARCと参加図書館の書誌・所蔵データを統合し、資料資源の共有化と、全国的な図書館相互貸借などの支援を目的としている。すでに、いくつかの県で、県立図書館が、市町村立図書館のMARCを統合して運用している。

公共図書館は、各館によって相当の差がある。しかし、今後同様のネットワーク化を順次整備していくことになっている。それらは、日本図書館協会(http://www.soc.nacsis.ac.jp/jla/)の「図書館リンク集」や、図書館流通センターの「日本の図書館」(http://www.trc.co.jp/trc-japa/guide/jplib.htm)といったリンク集からたどっていける。

一方で、国立情報学研究所(http://www.nii.ac.jp)の「NACSIS-Webcat」(http://webcat.nacsis.ac.jp)は、参加する大学や国立大学共同利用機関、短期大学や高等専門学校、都道府県立および政令指定都市立図書館といった、ほとんどの公的な学術補究機関の図書と雑誌の所蔵状況を検索できる。次ページの例は、「藤川正信」を検索語として検索させてみたものである。

そして、個々の図書館のOPACを検索するのであれば、「日本国内の大学図書館関係WWWサーバ」(http://www.libra.titech.ac.jp)や「日本国内図書館OPACリスト」(http://ss.cc.affrc.go.jp/ric/opac/)といったリンク集が活用できる。また、主要な大学図書館を同じ検索語で同時に検索するシステムも、「多機関OPAC横断検索サービス」(http://www.lib.kyushu-u.ac.jp/index-j.html)などいくつかある。

NACSIS Webcat

総合目録データベースwww検索サービス

Webcatは、学術研究利用のために供するものであり、営利のための利用はできません。
なお、Webcatで検索した資料について、図書館に利用を申し込む際には、各図書館で利用条件が異なる場合がありますので、あらかじめ電話等で御確認ください。

[Webcatとは] ‖ [利用の手引き] ‖ [English version here]

◉全資料 ○図書 ○雑誌

タイトル	:
著者名	: 藤川正信
出版者	:
出版年	:
標準番号	:
フリーワード	:

検索開始　　検索値クリア

[目録情報課ホームページ] ‖ [学術情報センターホームページ]

catadm@op. nacsis. ac. jp

⬇

NACSIS Webcat : 簡略表示

[利用の手引き] ‖ [検索画面に戻る]

該当件数は８件です

1．DIALOG探索方式要約ガイド / 藤川正信，牛島悦子翻訳監修．――第２改訂版．――紀伊國屋書店，1978

⋮

7．情報検索 / 藤川正信［ほか］執筆．――日刊工業新聞社，1965．――（情報管理実務講座 / 情報管理実務講座編集委員会編；５）

8．野生の鳥：オーデュボンソサイエティブック／レス・ライン原著：フランクリン・ラッセル編著：藤川正信，中村凪子訳．――旺文社，1981

[利用の手引き] ‖ [検索画面に戻る]

⬇

NACSIS Webcat : 詳細表示

[利用の手引き] ‖ [検索画面に戻る]

情報検索 / 藤川正信［ほか］執筆．――（BNO1868657）
東京：日刊工業新聞社，1965
257p；22cm．――（情報管理実務講座 / 情報管理実務講座編集委員会編；５）
著者標目：藤川正信（1922～）
分類：NDC6：014
件名：ドキュメンテーション

所蔵図書館44

愛大経総　研 A336. 508 : J66 : 5 104133677
旭大 336. 08 / J66 / 5 7041
横国大　図 014. 9 / / ZY TOOO142
⋮
北大　図 dc 16 : 651. 5 / jo　0015249834
北大文　図書 dc 16 : 007 / jyo 0015128690
明学大　図 335. 908 : J73 : 5 : 6

[利用の手引き] ‖ [検索画面に戻る]

また、国立大学共同利用機関は、それぞれの研究対象分野で作成した研究の基礎となる書誌データベースを独自に公開している。たとえば、国文学研究資料館(http://www.nijl.ac.jp)の「国書基本データベース(著作篇)」や国立国語研究所(http://www.kokken.go.jp)の「国語学研究文献総索引」、国立歴史民俗学博物館(http://www.rekihaku.ac.jp)の「民俗学文献目録データベース」や国立教育研究所(http://www.nier.go.jp)の「教育情報データベース」などである。あるいは、東京国立博物館(http://www.nm.go.jp)や奈良国立文化財研究所(http://www.nabunken.go.jp)などの国立研究機関も所蔵資料の検索システムを整備してきている。

書誌情報検索サービス

インターネット上には、巨大で総合的なものから専門的なものまで、多数の「オンライン書店」が林立しており、それぞれ独自の書誌情報検索サービスを行っている。

そういったなかで、図書館流通センター(http://www.trc.co.jp)の「ブックポータル」を使用すると、一九八〇年一月以降に出版された図書、毎週金曜日更新の「週刊新刊案内」や「今日の新刊」が検索できる。

そして、日本書籍出版協会が提供する「Books.or.jp」(http://www.books.or.jp)を使用すると、現在書店で購入できる図書(月別更新)を検索できる。これは、代表的な販売書誌である『日本書籍総目録』をデータベースにしたものである。なお、同協会は加盟出版社に対してホームページの開設を積極的によびかけており、「Books.or.jp」や上記の「新刊書籍検索」などの検索結果とリンクしている。この「Books Link」は、出版目録だけでなく、当該書の梗概、著者のプロフィールなどの詳細なデータを提供するものである。

また、書評についても、個人的なものが多数あるほか、新聞全国紙が各々の記事検索機能を提供している。たとえば、「論座書評インデックス」(http://opendoors.asahi-np.co.jp/span/ronza/net/index.htm)からは、新聞全国紙と週刊誌・月刊誌に掲載された書評が検索できる。

一方で、有料のオンライン書誌情報検索サービスも、ほとんどインターネットでも利用できる。たとえば、科学技術振興事業団(http://www.jst.go.jp)は、「ｅｎｊｏｙ－ＪＯＩＳ」で日本最大の科学技術情報サービス「ＪＯＩＳ」(JICST Online Information Service)をサービスしている。そして、学術情報センターの「ＮＡＣＳＩＳ－ＩＲ」を使用すると、広範囲の文献情報や学術情報が検索できる。すなわち、その「学術雑誌目次速報」(http://www.nacsis.ac.jp/sokuho/index.html)で、学会誌や紀要類の目次速報が検索できるほか、各学術研究機関が作成したデータベースの概要を検索できる。また、一九八五年以降の『雑誌記事索引』は「ＮＩＣＨＩＧＡＩ－ＷＥＢ」(http://www.nichigai.ac.jp)あるいは「日経テレコン21」(http://telecom21.nikkeidb.or.jp)で検索できる。

そして、前述のＯＣＬＣ(http://www.oclc.org)は、「First Search」で「WorldCat」や雑誌の最新記事の「Article First」などを提供している。とくに、「WorldCat」は、アメリカ(US-MARC)だけではなく、カナダ(CAN-MARC)やイギリス(UK-MARC)のＭＡＲＣを取り込み、全

世界の三万近くの参加館を得て七億件近いデータを持つ、世界書誌である。そして、一二世紀の手稿から最先端の科学技術レポート、CDやビデオといったAV資料までも収録している。

これらの有料サービスの多くは、SDI(Selective Dissemination of Information)という、あらかじめキーワードを登録しておくと、それに関する最新の情報を、定期的に提供してくれるサービスや、ドキュメント・デリバリーという原報の全文提供をメニューに加えている。

検索サービスを使う

インターネット上には、書誌データだけでなく、第2章でもみたように公文書や各種報告書、学術論文や研究資料といった、優れたコンテンツが豊富にある。そして、その世界中の情報資源へアクセスするために使用するのが、サーチエンジンやリンク集である。合理的な検索のために、システムの個々の性格や仕組みを知っておく必要があろう。

サーチエンジンは、登録型とロボット型に大別できる。しかし、それぞれの基本的性格を残しながらも、登録型が全文検索機能を組み込み、ロボット型がカテゴリー別表示を行うなど、互いの優れた点を取り込んでボーダレス化している。また、高度な検索機能を追加したり、検索アルゴリズムを改善しながら、リニューアルしつづけている。

まず、登録型は、申請を受け付けたり審査したりして、分野や主題別にホームページのアドレス(URL；Uniform Resource Locator)や概要を手動で登録し、提供するサービスである。したがって、名称や分野がある程度明確な場合の検索に向いている。また、リンク集は、作成者がある種の観点で選定し評価した登録型サーチエンジンということができる。そして、学術的な情報資源を選別して集めたリンク集も多くある。そのなかには、「アリアドネ」(http://ariadne.ne.jp)や「Online Resource Locator」(http://www.glocom.ac.jp/arc/orel/index.html)、「Academic Resource Guide」(http://www.ne.jp/asahi/coffee/house/ARG)のように個人で維持管理しているものだけでなく、「理工学系ネットワークリソース検索」(http://tdl.libra.titech.ac.jp/)、「インターネット学術情報インデックス」(http://www.lib.u-tokyo.ac.jp/koho/internet/linkuser.html)、「Internet Resource Selection」(http://www.2.ll.chiba-u.ac.jp/~yamamoto/link.html)といったように大学図書館の司書が維持管理しているものもある。あるいは、「行政情報の総合案内」(http://www.clearing.admix.ne.jp/)のように、関係するホームページを一括して検索するシステムもある。これらを使用すれば、効率良く検索できるはずである。

一方で、ロボット型は、検索に使用した検索語の出現頻度などによって、スコア順に検索結果を表示するサービスである。そして、検索式やシソーラスといった専門知識が無くても、ホームページ上で使用されている言葉で自由に検索できる。しかし、利用者の要求に応えて検索を始めるのでも、世界中のホームページを均等に検索するのでもない。その仕組みは、探索プログラムでその守備範囲内の新規のホームページを探すということを繰り返し、その記録を蓄えているに過ぎない。したがって、同一の検索語であっても、検索した日時や使用したサーチエンジンで、全く異なる検索結果を出すことになる。このため、ロボット型は、複数以上を併せて使用してみるべきである。

そして、ロボット型の最大の問題点は、探したい主題とは全く関係ないノイズを数多く表示することである。そのため、前述の論理演算のほか、画像や音声などのデータの種類や特定のファイルタイプを指定した検索機能を追加するなど、より高度な検索ができるよう工夫している。さらに、関連語をも含めて検索したり、さらにSDIサービスを行うシステムもある。それぞれのサービスメニューや検索式の作り方といった使用法は、各サーチエンジンの検索ヘルプにリンクしている。

コンテンツの信頼性

学術機関などが公式に提供しているものは、学術雑誌や学術書と同様に、内容のチェックを当然のこととして行っているはずである。しかし、個人が提供しているデータは、ふつう第三者がチェックしておらず、客観性が保証されたものではない。実際に、充分な調査や根拠がないままデータを掲載しているものも少なからずある。ところが、そのようなホームページを規制することは、表現の自由を侵すおそれがあるために難しい。ここに、前出の学術情報リンク集という、その分野の専門家たちによる評価とナビゲーションが必要となる理由もある。

また、文字データそのものが、正確でない場合もある。たとえば、雑誌のバックナンバーなどは、よく誤変換のままのものが混在している。それは、画像データとして取り込んでOCR（Optical Character Recognition）ソフトで変換しており、スキャナーの解像度や変換ソフトの認識能力の限界があるにもかかわらず、修正チェックしていないためである。

そして、例えば日本の古典の作品などでは、いわゆる新字体など、原本のものとは異なる文字が使用されていることがある。これは、文字コードというコンピュータの文字処理体系に登録されていない文字の使用を避けるためである。文字コードは、近年拡張されてきているが、それでもすべての文字を登録しているわけではない。とりわけ、多くの旧字体や古典の作品に数回しか出現しないような文字を登録していない。もちろん、文字コードに登録されていない文字は、外字として比較的簡単に作成できる。しかし、その文字は特定のコンピュータの機種やソフトウェア環境に依存するため、他の環境で再現できる保証がないのである。

したがって、提供されているデータを一方的に信用するのではなく、正しいかどうかを見極める態度と批判的精神が常に必要である。

●参考文献
津野海太郎『オンライン書店の誘惑』晶文社、一九九八
長尾真『知識と推論』岩波書店、一九八八
中村幸雄『情報検索理論の基礎』共立出版、一九九八
馬場肇『日本語全文検索システムの構築と活用』ソフトバンク、一九九八
原田昌紀『サーチエンジン徹底活用術』オーム社、一九九七

第6章　図書館と法律

山本　順一

1　図書館の法律上の位置づけ

図書館の現行法体系における位置

日本国憲法二六条は、「すべて国民は、法律の定めるところにより、その能力に応じて、ひとしく教育を受ける権利を有する」と規定している。この「日本国憲法の精神に則り」教育基本法（昭二二・三・三一法律二五号）が制定された。教育は、学校教育と学校以外の場で行われる社会教育に大別される。後者の社会教育について、教育基本法七条一項は「家庭教育及び勤労の場所その他社会において行われる教育は、国及び地方公共団体によつて奨励されなければならない」と言う。そして、七条二項が図書館に言及し、「国及び地方公共団体は、図書館、博物館、公民館等の施設の設置、学校の施設の利用その他適当な方法によつて教育の目的の実現に努めなければならない」とする。

社会教育法(昭二四・六・一〇法律二〇七号)は「教育基本法の精神に則り、社会教育に関する国及び地方公共団体の任務を明らかにすることを目的」(一条)としている。同法五条四号は市町村教育委員会の事務のひとつとして博物館、青年の家等と並んで図書館の設置管理をあげ、六条一号は都道府県教育委員会の事務に「図書館の設置及び管理に関し、必要な指導及び調査を行うこと」をあげている。しかも、同法九条一項は「図書館及び博物館は、社会教育のための機関」と確認し、同条二項に「図書館及び博物館に関し必要な事項は、別に法律をもつて定める」とする。このような教育法制のもとに図書館法(昭二五・四・三〇法律一一八号)が制定されている。

ちなみに、ここで〝図書館〟といっているのは「公共図書館」を指していることが容易に理解できよう。その他の館種の図書館は他の諸法令に根拠をもち、それらを図解したものが次頁の「図・図書館と法」である。主なもののみ触れておく。学校教育法施行規則(昭二二・五・二三文部省令一一号)その他が大学図書館、学校図書館についての定めをおく。とくに学校図書館については、学校図書館法(昭二八・八・八法律一八五号)という独立の法律があることが注目される。国立国会図書館は、国立国会図書館法(昭二三・二・九法律五号)にもとづいている。また、地方自治法一〇〇条一四項は地方議会図書室を必置のものとしている。

(公共)図書館の法律構成について

社会教育施設の一つである公共図書館を対象とする法律が、図書館法である。この法律が制定さ

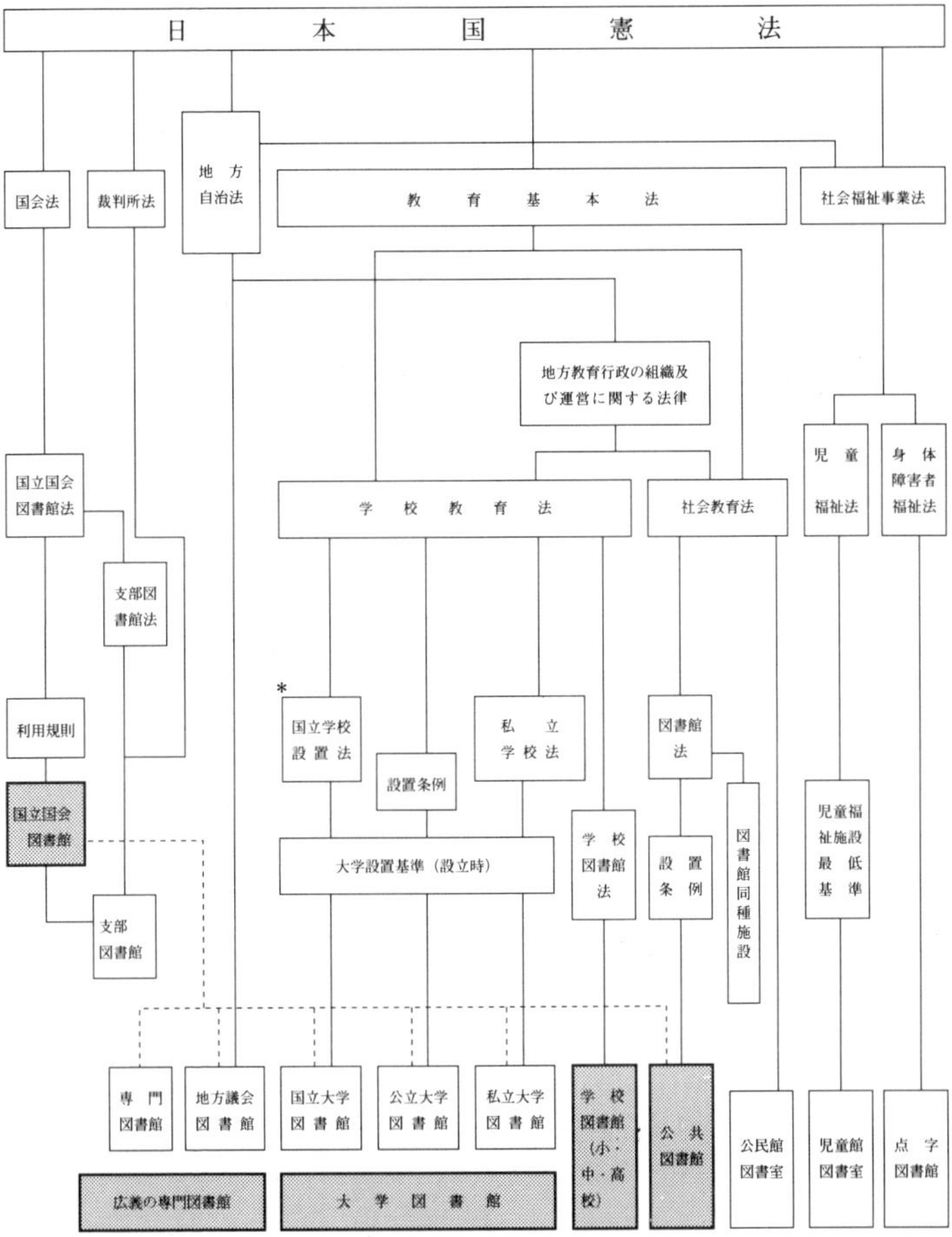

図書館と法

＊　国立大学法人法が成立すれば、‘国立学校設置法’は廃止される

れた当時はアメリカ占領軍がわが国を間接統治しており、その一部局である民間情報局の指導のもとに図書館法ができあがった。その法案作成過程においては、わが国の図書館界の意見も取り込まれている。制定後、他の制度との関係で、何回かの改正を経験してはいるが、依然としてアメリカをはじめとする西欧の図書館発展の歴史とわが国の戦前の図書館に対する反省が、図書館法の骨格を形づくっているといってよいだろう。

図書館法は、二条一項で〝(公共)図書館〟を定義している。「「図書館」とは、図書、記録その他必要な資料を収集し、整理し、保存して、一般公衆の利用に供し、その教養、調査研究、レクリエーション等に資することを目的とする施設」である。その図書館を設置するのは地方公共団体、もしくは日本赤十字社または民法三四条の定める許可を得た公益法人(二条二項)とされるが、日本赤十字社の設置する公共図書館は存在せず、公益法人が設置する公共図書館も極めて少ない。

市民に深いかかわりをもつのは地方公共団体の設置する図書館、すなわち公立図書館であり、それぞれの地方公共団体の条例が公立図書館の設置・運営について定めている(一〇条)。地方公共団体によって教育機関のひとつとして設置される図書館は、地方教育行政の組織及び運営に関する法律(昭三一・六・三〇法律一六二号)にもとづき、教育委員会の所管に服する(三二条)。

なお、図書館法に定める図書館以外に図書館と同種・類似の施設は、誰でも任意に設置・運営することができる(二九条)し、〝図書館〟という名称を使用することにも何ら制限はない。戦前、図書館の設置が認可にかからしめられていたことを思うとこれも進歩のひとつである。

近代公共図書館を成り立たせているのは、公開の原則、無料の原則、公費負担の原則という三つの大原則である。図書館は、地方自治法上の〝公の施設〟のひとつであり、「正当な理由がない限り、住民が公の施設を利用することを拒んではならない」(二四四条二項)し、「不当な差別的取扱いをしてはならない」(同条三項)。一方、図書館法一七条が「公立図書館は、入館料その他図書館資料の利用に対するいかなる対価をも徴収してはならない」と規定し、無料原則を保障している。公費負担の原則については、地方公共団体が直接設置・運営している場合には自明のことである。図書館の管理・運営に関しては委託が大きな問題となっており、その法的根拠は「公の施設の設置の目的を効果的に達成するため必要があると認めるときは、条例の定めるところにより、その管理を公共団体又は公共的団体に委託することができる」とする地方自治法二四四条の二第三項にある。

公共施設には市民会館や文化センターなど多種多様なものがあるが、入場料が必要であったり、一定の基準にしたがい利用を認められた特定の人たちだけが利用できる施設がほとんどで、現実にすべての市民が自由に利用できる施設は少ない。公共図書館は住民のすべてに公開された数少ない施設のひとつで、夏には冷房、冬には暖房がなされる快適空間を提供することから、ホームレスの人たちもその場所を利用することになり、公共図書館の解決すべきひとつの課題となっている。

公共図書館の職員に関して、図書館法は「(公共)図書館に置かれる専門的職員を司書及び司書補」(四条)と呼び、五条に司書及び司書補になることのできる資格について定めている。そのために履修しなければならない科目は、図書館法施行規則(昭二五・九・六文部省令二七号)に掲げられている。この施行規則は、一九九六(平成八)年に改正され、原則として、大学、短大等の卒業を前提とする司書資格を得るためには少なくとも一四科目二一単位を修得しなければならず、高校卒業を前提とする司書補資格については一一科目一五単位を修得しなければならない(二年以上の司書補実務経験者は司書講習を受けることができる)。この施行規則は本来短期間に集中して行われる〃司書講習〃を対象とするものであるが、大学・短大の司書課程等もこれに準拠して行われている。

図書館運営に対する住民参加を制度的に保障したのが〃図書館協議会〃で、これは「図書館の運営に関し館長の諮問に応ずるとともに、図書館の行う図書館奉仕につき、館長に対して意見を述べる」(一四条二項)ことを任務とするが、任意設置でもあり活用されているとはいいがたい。

ここで図書館の置かれていない町村について、一言ふれておきたい。都道府県のすべて、市(東京都特別区を含む)のほとんどが図書館を設置するまでになっているが、町村立図書館はまだ一般的にはなっていない。図書館未設置の町村では、現実には公民館図書室(社会教育法二二条四号)が公共図書館類似の役割を果たしている。

一九九九(平成一一)年五月、〃情報公開法〃と略称される行政機関の保有する情報の公開に関する法律(平一一・五・一四法律四二号)がようやく制定されたが、すでに多くの自治体が住民に行政情報の公開を求める権利を定める〃情報公開条例〃を制定・運用している。一般に図書館は所蔵する資料の利用・閲覧を任務とすることから情報公開の実施対象機関から除外されるのが通例であるが

（原則的に図書館業務に付随する行政文書は情報公開の対象となる）、公共図書館は住民に開かれた情報提供機関であるという本質からすれば、公刊された郷土資料にとどまらず、地方議会や行政委員会、各種審議会の議事録等を含む地方行政資料のコレクションを整備することが望まれる。それらが活用されれば、公共図書館は実質的に情報公開制度に貢献できる。また、情報公開制度に習熟した職員を公共図書館に配置すれば、図書館が情報公開の窓口のひとつとして機能しうる余地がある。

2　図書館の自由

図書館は〝思想の広場〟

アメリカ図書館協会が一九四八年に採択した「図書館の権利宣言」は、図書館の本質に関連して、その冒頭で「すべての図書館は情報と思想の広場」であることを確認している。「図書館は、今日および歴史上の諸問題について、さまざまな観点にたつすべての資料、情報」を利用者に提供することが期待されている。図書館資料のコレクションは、これまでの人類社会が築き上げてきた文化、学術の粋を集大成した知的小宇宙を構成するものでなくてはならない。特定の主義、主張に与《くみ》するものではない。

図書館は知的小宇宙を実現するために、一定の資料選択基準にしたがって資料を収集、整理し、利用者の利用に供する。図書館は、特定の資料を所蔵しているからといって、その資料の主義、主張を利用者に対して鼓吹《こすい》しようというものではない。

市民は、基本的人権のひとつとして、〝表現の自由〟を保障されている(憲法二一条)。市民が何らかの主張を表現しようとすれば、その内容を十分に精査できなければならない。表現の自由の裏側には、論理必然的に〝知る権利〟がある。市民に対し、特定の事柄に関する十分な情報へのアクセスを確保する社会的装置が図書館にほかならない。市民の知る権利に仕える図書館のコレクションを構築するにあたっては、図書館内外からの検閲を排除しなければならない。

しかし、一定の資料選択基準をクリアした資料といえども、その利用については、特段の配慮を要するものがある。特定個人のプライバシーにかかわるもの、具体的な社会的差別意識に関係するものなどについては、研究目的等の限定的な用途のみに対応するものとし、開架書架上におき一般的な利用に供することは控えなければならない場合がある。しかし、その利用制限と資料的価値は次元を異にするもので、図書館は資料選択基準に適合する資料は維持しなければならない。

利用者の秘密

市民は、調査、研究、学習、レクリエーション、その他さまざまな目的をもって図書館を利用する。そのことを通じて、自らの思想を形成し、理論の体系化を図り、人格をみがき、精神生活を楽しむわけである。このことを逆から見れば、どのような図書・資料を利用しているかを暴露することは、その人の思想的な営み、精神生活の内実を白日の下にさらすことにほかならない。特定の主義主張に固執し、社会全体を自らに同調させようとする目的をもつ人びとが、図書館利用にかかわるこれらの事実を容易に知りうるとすれば、ことは重大である。自分自身の内面生活を盗み見られるという不快感にとどまらず、恐ろしい暗黒社会が現出する。

また、犯罪捜査に関連して、特定の図書館資料を誰が利用したかが問題にされることがある。たとえば、サリン事件を引き起こしたオウム真理教信者の犯罪容疑を固めるために、捜査当局は五三万人分の利用者記録を国立国会図書館から押収した。後に捜査当局が証拠として押さえたものは、特定個人の名を記した七枚だったという。犯罪捜査のために必要な行為であるとしても、裁判所が発給した捜査令状は〝被疑者不詳〟で、事件に関係のない多くの利用者たちのプライバシーが、濫用の懸念がないわけではない公権力を帯びた第三者の眼にさらされたことは大きな問題である。

西欧近代市民社会における権利の闘争の成果のうえにたつ日本国憲法は、その一三条で「すべて国民は、個人として尊重され」、豊かな精神生活の享受を内容とする「幸福追求に対する国民の権利」は、「国政の上で、最大の尊重を必要とする」とされ、同一九条は「思想及び良心の自由は、これを侵してはならない」とうたい、個々の図書館利用者の具体的利用事実は原則として秘密とされるべきことが要請されている。

このことを図書館員の立場から考えてみることにしよう。図書館員の職務は、その利用者に対し、図書・資料などを提供し、レファレンス・サービス等に応じることにより、個人の内心にひとつの世界を築きあげることを援助するところにある。公共図書館に勤める司書は、その地域に居住する住民のすべてに対しこのような公共的サービスを提供する地方公務員のひとりである。個々の利用者に対して図書館サービスを実施する際、知りえた事柄は、利用者とその図書館員しか知らない場合、地方公務員法(昭和二五・一二・一三法律二六一号)三四条のいう「職務上知り得た秘密」を構成するものといえる。図書館員は、個々の利用者の図書館利用の実態を「職務上知り得た秘密」として守秘しなければならない。このように理解すると、図書館員は、一方で利用者の憲法上保障された権利を尊重することが、他方で地方公務員法の要請にこたえることにもなる。

しかし、無制限に主張できる絶対的権利は、存在しない。そこにはおのずから内在的な限界がある。一般論としては、その限界は具体的事実にもとづき導き出されることになる。図書館の世界では、この判断のメルクマールを、公正な第三者機関である裁判所の発給する令状にもとめている。図書館の利用者のもつ人格的権利に対する干渉と制約を裁判所の発給する令状に依拠せしめる憲法三五条、法律の定める手続を保障しつつ制限を加えようとする同三一条などとの論理的整合性をも考慮したものである。捜査機関は、図書館に対し、刑事訴訟法(昭和二三・七・一〇法律一三一号)一九七条二項を根拠に捜査関係事項照会書を示し、協力を求める権限を有するが、図書館はこれに対し、図書館の社会的使命を自覚し、背後に一般利用者の利益全体がかかわっていることをも考慮し、軽々に対応すべきではないとの認識が図書館界にはある。

公立図書館は、前節で述べた通り、直接的には地方自治体の図書館設置条例によって設置・運営される。この図書館設置条例に利用者の利益、それにかかわる図書館員の義務を規定しておくことは、大きな意義をもつ。たとえば、藤沢市の図書館に関する条例四条は、「図書館は、利用者の秘密が第三者に知られることのないよう必要な措置を講じなければならない」と定めている。

図書館の自由に関する宣言

日本の図書館の世界では、検閲から〝思想と情報の広場〟である図書館を守り、また利用者のプライバシーを守らなければならないとの図書館専門職の規範として、〝図書館の自由に関する宣言一九七九年改訂〟がある。そこで確認されている大原則だけを次にあげておく。

「図書館は、基本的人権のひとつとして知る自由をもつ国民に、資料と施設を提供することを、もっとも重要な任務とする。

この任務を果たすため、図書館は次のことを確認し実践する。

第一　図書館は資料収集の自由を有する。

第二　図書館は資料提供の自由を有する。

第三　図書館は利用者の秘密を守る。

第四　図書館はすべての検閲に反対する。

図書館の自由が侵されるとき、われわれは団結して、あくまで自由を守る。」

この〝図書館の自由に関する宣言〟は、プロフェッショナル・コード（職業規範）にとどまらず、憲法一三条、二一条に基礎づけられた憲法的効力をもつものである。

3 著作権と図書館

著作権法によって保護される著作物

図書館が所蔵し、利用者に対して、閲覧、貸出等のサービスに供する図書館資料のほとんどすべてがいわゆる著作権のある著作物で、著作権法(昭和四五・五・六法律四八号)の保護の範囲内にある。図書館を利用するにあたって、この著作権法の基本だけは理解しておく必要がある。

著作権法二条一項一号が、著作権法によって保護される〝著作物〟を定義している。そこでは、「思想または感情を創作的に表現したものであって、文芸、学術、美術または音楽の範囲に属するものをいう」とある。〝思想または感情〟があらわれたものであるから、コンピュータのような道具を用いてもかまわないが、何よりも人間の手によってつくられたものでなければならない。したがって、片言隻句や数字、瞬間的な音、事実やデータ、統計、数式のような、それだけでは特定個人の〝思想または感情〟を示していないものには著作権が存在せず、誰もが自由に利用することができる(ただし、事実やデータ等の素材の選択または配列、体系的構成に創作性のあるものは、冊子体の場合は〝編集著作物〟、電子媒体の場合には〝データベースの著作物〟として保護される)。図書や雑誌の目次は、章や節、掲載記事のタイトル、著者名、頁数など語句・数字にとどまるので、著作物ではない。

また、〝創作的〟なものであるから、真似、模倣したものは著作物の外観をもっていたとしても、著作権は享受できない。そして、原則として、〝表現〟そのものを保護するのであって、論理やアイデアを保護するものではない。人間の表現したものは、五感に訴えるものなので、臭いを除けば、文字、記号、音、映像等から構成されるものであり、結果的に多くのものは〝文芸、学術、美術または音楽の範囲〟に入り、この文言には特段の意味はない。

もっとも、著作権法はその一〇条一項に著作物の種類を例示しており、①小説、脚本、論文、講演その他の言語の著作物、②音楽の著作物、③舞踊または無言劇の著作物、④絵画、版画、彫刻その他の美術の著作物、⑤建築の著作物、⑥地図または学術的な性質を有する図面、図表、模型その他の図形の著作物、⑦映画の著作物、⑧写真の著作物、⑨プログラムの著作物、をあげている。

著作者人格権と著作(財産)権

一般に「著者」と呼ばれる著作者は、著作権法によって、自らの作品に対し、著作者人格権と著作権の二種の権利を与えられている(一七条)。前者の著作者人格権は、著作者の人格価値の保護を目的としている。著作者は、その作品を公表するかどうか、いつどのような方法で公表するのか、を自ら決定することができる(公表権)(一八条)。また、公表にあたって、本名を使用するのか、ペンネームをもちいるのかをも決める権利を保有する(氏名表示権)(一九条)し、出版その他もともとの作品を複製することを他の人に認めた場合といえども、著作者の意思に反しその題や内容を勝手に変更することはできない（同一性保持権）（二〇条）。著作者人格権には、このほか著作者の名誉や声望を侵害するような作品の利用を認めない名誉権が含まれ、著作者の死後も近親者が生きているあいだは著作者人格権を尊重しなければならない。

著作者がもついまひとつの権利である著作（財産）権（これを一般に〝著作権〟と呼んでいる）は、特許権、商標権などとともに、今日「知的所有権」と呼ばれているもののひとつで、物質的な実体をもたない精神的創造物にかかわる利益に対する排他的支配権である、いわゆる「無体財産権」としての性質を有する。〝無方式主義〟といわれているが、登録や届出など、何らの手続きも要せず、作品が出来上がった時点で著作権が発生し、著作者はその作品に対する著作権を取得する。この著作権は物権としての効力をもつ権利であるから、有償であれ無償であれ、他人に著作権そのものの全部または一部を移転、譲渡、相続することができるし（六一条）、使用許諾することもできる。

原則として、著作権をもつ人に無断でその作品を利用することは許されない。著作物の利用には、印刷・写真、複写・録音・録画等の複製、上演や演奏、放送、口述、展示、上映、翻訳、翻案など、さまざまな形態がある。最近では、特定の著作物をデジタル化し、ホームページにのせたりしているが、そのデジタル化は複製であるし、インターネット上でアクセスを許すことは公衆送信に該当する。どのような形態であれ、他人の著作物を利用しようとするときには、著作者の同意を得なければならないし、同意の条件として対価を求められればその交渉に応じなければならない。その厄介な手続きを〝著作権処理〟という。

著作権の存続期間

著作権は、その著作物の著者の死後五〇年（著者が亡くなった年の翌年の一月一日から起算）経過すれば、消滅する（五一条）。だから、夏目漱石や芥川竜之介の作品はすでに人類共通の文化遺産に繰り込まれており、誰でもが自由に利用することができる。著作者人格権には留意する必要はあるが、どこの出版社が出版刊行してもかまわないし、どこの複写機でその作品の全部をコピーしてもかまわないし、また誰のホームページにのせても文句のつけられる筋合いではない。企業や団体などがその組織の名前で公表した著作物については、公表後五〇年の間、著作権が存続する（五三条）。

著作権の制限

著作権制度は、全体として、著作物という「文化的所産の公正な利用に留意しつつ、著作者等の権利の保護を図り、もって文化の発展に寄与することを目的」（一条）としている。したがって、著作物の公正な利用行為や文化の発展に貢献する著作物の利用については、著者の許諾を得ることなく自由に行うことができる。わが国の著作権法は、そのような著作権処理を要しない利用形態として、以下のような行為を定めている。

私たちが日常生活において自分自身が利用したり、楽しんだりするために、本の一部や雑誌の記事をコピーするし、テレビやラジオの番組をビデオやテープ・レコーダーに録画、録音している。

これらの行為は、私的使用のための複製として許されている(三〇条)。また、学校や大学では、教師から教材として図書の一部、専門誌掲載論文のコピーが配布されている(三五条)。試験問題に有名な作家、評論家の文章が、出題者の教師の裁量で出題されたりもする(三六条)。これらもまた、教育目的の利用として認められており、著作権者の許可を得ることなく合法的に行うことができる。

文化祭など、営利を目的とせず、観衆から料金を徴収しない場合には(図書館における映画鑑賞会などもそうである)、著作権処理を要せず、特定の作品、著作物を自由に公に上演、演奏、上映することができる(三八条一項)。

文献を引用するときのルール

ひるがえって、学問とか文化というものは、先行業績や既存の作品、表現に少しずつ付加価値をつけることによって発展するものである。私たちが論文や何か作品を公表しようとする場合、他の人の著作権を侵害してはならない。しかし、論理を展開するうえで他人の論文、著書の一部を引用したり、あるいは登場人物を動かしストーリーを運んでゆくため有名な作家や詩人の作品の一節を文中に利用したりということは、当然のこととして行われるものである。ただ、このときにも著作権法に定められたマナーを守る必要がある。これには、四つの要件を満たすことが要請される。まず、引用・利用できるのは、すでに公表された著作物であること。第二に、自分の書こうとしている文章の流れのなかで引用する部分が一定の役割を果たすにすぎないものであり、しかもその部分を「……」でくくるなど、引用箇所を明示しなければならない。いわゆる「公正な慣行に合致するもの」でなくてはならない。第三には、自分の論旨の展開上、必要な部分を超えて引用することはできない(三二条)。第四は、他人の著作権を尊重するという立場からすれば当然といえるが、誰どの著作物から引用したのか、出所を明示しなければならないということである(四八条)。

したがって、卒業論文やレポートを作成する場合、数行程度の範囲を越えて大幅に引用することは〝盗作〟にあたり、著作権を侵害したことになる。ここで、新聞記事の引用についてふれておこう。〝公正な慣行〟に合致し、〝正当な範囲内〟にとどまる限り、他の著作物同様、新聞記事を引用することに何の問題もない。しかし、参考資料として、ひとつの記事全体を掲載したり、OHPに焼いたりして公けに利用する場合には、実務上、問題がある。というのは、社説、コラム、学芸欄あたりを除いて、新聞記事の多くは情報源から提供された事実をつないだだけで、高級な著作物とはいえないのであるが、連絡をすると、新聞社のなかには〝著作権許諾〟と称して一記事一万円もふんだくるところがある。彼らの理解では、著作権の保護を受けない「事実の伝達にすぎない雑報および時事の報道」(著作権法一〇条二項)は棒記事(死亡記事)くらいしかないのである。

引用という適法行為は、言語による著作物やマンガに限られない。映像の分野においても、またマルチメディアのネットワーク環境においても引用は認められる。しかし、他の人の著作物を引用する際、著作権を侵害してはならないだけでなく、著作者人格権をも侵してはならないことはいうまでもない。

図書館と著作権

図書館は、図書、雑誌、視聴覚資料、その他の記録、資料を収集し、広く利用に供する施設である。つまり、ありとあらゆる著作物を市民に提供することを使命とする機関である。言葉をかえれば、貸出や閲覧の延長上にある筆写による複製、さらには複写機による複製など、本質的に著作権を侵害せざるを得ない宿命をもつ。図書館の社会的効用、文化的機能を肯定すれば、これは適法なものとせざるをえないし、基本的にすべての国がこれを認めている。わが国の著作権法は、図書館が有する著作物の合法的複製を行いうる権利として三つの類型の権利を規定している(三一条)。

第一は、利用者の求めに応じ、調査研究用に複製物を提供することができるというものである。この場合、図書館実務においては、著作権とのバランスを考慮し、図書は半分以下、雑誌は個々の論文で、利用者一人につき一部というように運用されている。

第二に、図書館資料の保存を目的とする複製は、著作権に関係なく行いうる。貴重書の損傷、紛失防止のため、利用に供するもの一部を複製することは認められており、所蔵する著作物の一部が破損、汚損しているとき、その部分の複製は適法な行為とされる。また、所蔵資料を保存するため、マイクロフィルムや磁気テープ、光ディスク等の形に変え、複製することも認められる。

第三は、当該図書館がそのコレクションの充実を図り、絶版などの事情から、他の図書館の所蔵する資料の複製を依頼する場合である。著作権法は、このようなケースにおいては、依頼を受けた図書館が他の図書館のために複製を行うことを認めている。図書館が文化、学術の振興の拠点であることに思いをいたせば、妥当な規定といえよう。

なお、ここで説明をした著作権を制限することになる図書館資料の複製を行うことのできる図書館の範囲は、公共図書館、大学図書館等で、著作権法施行令第一条に定められた施設とされている。そこに学校図書館が含まれていないが、〝学校その他の教育機関における複製〟を認める著作権法三五条の趣旨が、司書教諭、およびその〝手足〟として働く学校司書のもとでの授業活動に関係する複製を適法なものとしていると理解するべきである。

図書館の障害者サービスに関連して、現行著作権法は多くの問題を抱えている。視覚障害者に対して、公表された著作物を点訳することは図書館にとどまらず誰でも行うことができる(三七条)。点訳データの電子ファイルも自由に蓄積、送信できる(三七条二項)。ところが、対面朗読サービスは出来ても、またその朗読を相手のためにその〝手足〟となって録音してあげることはできても(私的使用の範囲内)、その録音を図書館資料に加え広く利用に供することはできない建前になっている。映像資料の提供に関し、聴覚障害者のために字幕スーパーを付すことも認められていない。二〇〇〇(平成一二)年の法改正で、聴覚障害者の特定のテレビ視聴については、別途行われる字幕放送が許容されている(三七条の二)。一方、郵便規則(昭二二・一二・二九逓信省令三四号)三九条の二によれば、心身に重度の障害をもつ利用者に対して図書館が郵送により資料を貸し出す場合には、〝心身障害者用書籍小包郵便物〟の制度の適用を受けることができ、その場合の郵送料は通常の書籍小包の半額とされる。

電子メディアと著作権

著作権法が一九八五(昭和六〇)年に改正され〝プログラムの著作物〟(一〇条一項九号)が、翌一九八六(昭和六一)年改正により〝データベースの著作物〟(一二条の二)が著作権法のもとで保護されることが明確にされた。しかし、従来の著作物とは大いに性格を異にする〝著作物〟であるため、法的取り扱いにもいくつか差異がある。機能性製品であるコンピュータ・プログラムについては、所有者によるバックアップ・コピーの複製や利用に必要な改変は許容されるし(四七条の二)、適用機種以外のハードウェアでの利用やより効果的に利用するための改変が認められている(二〇条二項三号)。〝データベースの著作物〟については、〝情報の選択または体系的な構成によって創作性〟のあるものが法的保護の対象となる。電話帳のように情報の選択行為がなく、たんに五〇音順に配列したものは保護の対象とはならない。

ＣＤ－ＲＯＭやオンラインで著作物を利用するときにも著作権に留意する必要がある。複製や公衆送信の場合に著作権がかかわってくる。もっとも、電子メディアの利用については、ディストリビューターなどの関係業者との契約によって規律される部分が大きい。

インターネットの普及が進んでいるが、ホームページの作成、利用に関しても注意を要する。他人の著作物を自分のホームページに掲載するときには著作権処理をしなければならず、私的使用の範囲を超えてほかの人のホームページに掲載された著作物を利用するときには同意を必要とする。リンクを張る行為は著作権法上は問題ないが、相手にその旨の通知をすることがマナーとされる。

4　変動期にある図書館

二一世紀に向かう図書館

社会全体がそうであるが、図書館の世界もまた、いま大きな変動期を迎えている。情報通信技術の急速な発展は、リアル・ワールド（現実世界）とは別に、インターネットのなかにサイバー・スペース（電脳空間）を生み出し、日々その領域を拡大している。そのサイバー・スペースを横断する形で〝電子図書館〟（digital library）の構築が進められている。わが国においても、文部省がいくつかの大学において電子図書館プロジェクトを推進する一方、二〇〇二（平成一四）年に国立国会図書館が関西学研都市に開設した関西館は、本館とあわせて電子図書館網の主要なノード（結節点）となることが期待されている。

国立国会図書館法の改正

国立国会図書館は、これまで〝図書、小冊子、逐次刊行物、楽譜、地図、映画、録音物など〟、なかでも紙媒体の出版物を中心に法定納本制度にもとづき収集してきた。しかし、近年の電子出版物の増大にともない国立国会図書館長の諮問機関である納本制度調査会は、一九九九（平成一一）年二月、「二一世紀を展望した我が国の納本制度の在り方：電子出版物を中心に」と題する答申を出し、CD－ROM等のパッケージ型電子出版物を新たに納本制度に組み入れるよう勧告した。

一九九九（平成一一）年の国立国会図書館法の改正は、国内外の児童書と児童書に関する研究書等を収集し、利用に供する〝国際子ども図書館〟の設置を定め、二〇〇〇（平成一二）年五月に全面的に開館した。

学校図書館法の改正

一九九七（平成九）年、学校図書館法が改正された。この改正の眼目は、学校図書館の専門的職務をつかさどる〝司書教諭〟の配置をうたいながら、〝当分の間〟置かないことができるとしていた附則二項を四四年目にして改め、二〇〇三（平成一五）年度から一二学級以上の小学校、中学校、高校に司書教諭を置くことにしたところにある。

経済的豊かさとは逆に荒廃の度を深めつつある学校教育の現場において、子どもたちが独立した主体として自らの人生を切り拓いていく〝生きる力〟を身につけていくうえで、今後の学校図書館への期待は大きい。学校図書館には、学校教育の改革を進めるための中核的な役割を担うことが望まれ、学習情報センター、そして自由な読書活動や読書指導が展開される読書センターとしての機能を高度に発揮することが望まれている。二〇〇一（平成一三）年度には、すべての学校がインターネットに接続され、メディア・センターとしての学校図書館の管理運営にあたる司書教諭には〝総合的な学習の時間〟などの学習展開に中心的な役割を果たすとともに、学校全体の情報化推進のリーダーとしての任務が待っている。学校図書館サービスの実務を担う学校司書と緊密な連携のもとに、司書教諭はこれらの役割、任務の遂行に努めなければならない。

公共図書館をめぐる動き

一九九九(平成一一)年、地方分権推進を図るための関連法律の整備等に関する法律(地方分権一括法)が国会を通過した。この法律は、地方自治法をはじめとする四七五件の関係法律の改正を含んでいる。そのなかには教育委員会の広域設置を認める地方教育行政法の改正や、公民館の運営を見直す社会教育法の改正、青年学級振興法の廃止、生涯学習産業の振興を狙いとする生涯学習振興整備法の改正などのほか、公共図書館を規律する図書館法の改正も含まれていた。

図書館法の改正は、次にあげる三点であった。第一は、図書館法一三条三項の削除である。これは、公共図書館を新改築する場合の国庫補助を受けようとする公共図書館長は、司書資格を持つものでなくてはならないとしていた(すでに公共図書館の建設にあたっての国庫補助は廃止されている)。現在でも司書資格をもたない公共図書館長は少なからずいるが、この資格制限がはずれることにより、今後一層図書館に関するシロウト館長が増えることが懸念される。アメリカの図書館の歴史を見ると、ボストン公共図書館を育てたチャールズ・ジューエットや、そのボストン公共図書館長からアメリカ議会図書館長となりアメリカの図書館界を引っ張ったハーバート・パトナムのように、図書館とは無縁の世界から図書館に飛び込み立派な業績を残した人たちはいる。しかし、図書館の外から入って図書館界のリーダーになった人びとの経歴からは、一般に文化や学術に対する深い造詣が見て取れる。文化や学術とは無縁の産業経済などの行政を担ってきた木っ端役人がただちに立派な館長になれるものとは思えない。これから日本の行政文化の底の浅さが問われることになる。

第二は、図書館協議会に関する図書館法一五条の改正と一六条二項の削除である。教条主義的な人は、図書館協議会を公共図書館運営への住民参加が制度化されたものと評価してきたが、現実には半数にも満たない公共図書館がこれを置いているにすぎず、しかも多くの場合形だけの委員たちが行うその審議は形骸化していた。図書館協議会を設置する公共図書館が、優れた図書館行政の関係者および学識経験のある者を委員に選び、闊達な意見交換から出てくる知恵を活かすとすれば、この改正は大いに意味がある。

第三点は、国庫補助を受けるために必要な公共図書館の設置および運営上の最低基準の規定であった図書館法一九条と二一条の削除である。これまでもこれらの規定を受けて定められていた従来の図書館法施行規則の第二章の〝公立図書館の最低基準〟は、住民に対して十分な図書館サービスを真面目に展開しようとしてきた公共図書館にとっては何らの足かせになるものではなかった。地方自治体が自らの判断で住民に対して図書館サービスを提供する場合に、これまでの最低基準の年間増加冊数、司書・司書補の数、建物延べ床面積を割るようでは豊かな文化コミュニティの創造に向けて努力しているとはとてもいえない。

図書館法をめぐっては、今回、改正されなかったが、大きな話題になったトピックがある。それは、図書館法一七条の「公立図書館は、入館料その他図書館資料の利用に対するいかなる対価をも徴収してはならない」という公共図書館の〝無料原則〟を定めた規定である。なぜこの規定が話題になったかというと、電子メディアの流通量の増大、インターネットの普及が背景にある。CD－ROMのようなパッケージ型電子メディアは資料費の枠内で購入もしくはリース契約により受け入れれば、あとはどのように利用しようとも電気代とパソコンのメインテナンス以外の費用は発生しない。ところが、商用データベースなど外部データベースの利用、プロバイダーを介してのインターネット接続には、通信料金やデータベース使用料金がその都度発生する。しかも、これまでの公共図書館の金銭感覚でいけば決して安いものではない。そこに対価の徴収、有料制の議論が出てきたのである。淋しい文化行政としかいいようがない。

「外部の情報源へのアクセスは、図書館が資料選択基準を当てはめて収集、整理した情報とは異なり、図書館資料の利用にはあたらない」という理屈があるのだそうである。しかし、公共図書館は、本来、学校教育を終えて(現在では学校教育の前とその途上をも含む)、自助努力しようとする市民に対して、一人前の市民、国民になるために必要な資料、情報を提供することを役割期待としてもっていた。現代社会を構成する市民と市民生活に必要とされる情報の一部がオンライン・サービスに存在する場合、これまで同様の原理原則にのっとり提供されなければならないのは当然のことのように思える。わが国よりもネットワーク環境が高度化しているアメリカの公共図書館の世界では、アメリカ図書館協会を中心に無料原則を維持しようとしているし、連邦政府は学校と同様E-rateという通信料金の大幅割引制度を公共図書館に適用している。

要は、その国において、図書館をどのようなものと位置づけているかということを示しているにすぎない。

●参考文献

武田英治・山本順一編『図書館法規基準総覧　第二版』日本図書館協会、二〇〇二
塩見昇・山口源治郎『図書館法と現代の図書館（初版二刷）』日本図書館協会、二〇〇三
西崎　恵『図書館法』（復刻）日本図書館協会、一九七〇
アレックス・レイデンソン著、山本順一訳『アメリカ図書館法』日本図書館協会、一九八八
『図書館の自由に関する宣言　一九七九年改訂　解説』日本図書館協会、一九八七
渡辺重夫『図書館の自由と知る権利』青弓社、一九八九
山本順一『電子時代の著作権』勉誠出版、一九九九

第7章　文庫活動について

小林　悠紀子

文庫はとかく小規模な図書館と思われがちであるが、図書館とは少々目的が異なる。図書館は本を読んだり、調べ物をするところだから、一冊でも多くの本を揃え、使いやすく分類し、本を読みやすい静かな環境を整えるのが役目であるが、ここで紹介する「文庫」(文庫活動)は子どもを本好きに育てる場であって、主役は「人」であり、本はその重要な食材にすぎない。

近頃「食育」(食べ方の指導)という妙なことばが流行り始めているが、文庫はいわば「読育」の場である。食育が本来家庭で為されるべき教育であると同様、読育も両親がわが子のために本を選び、わが子と共に読み、読み聞かせる家庭教育の一環である。が、食育が家庭外では無意味であるのに反して、文庫が学校や地域行政に取り込まれずに個人のボランティア活動を貫くかぎり、文庫は家庭外にあって最高の家庭教育の場となりうる。しかし、面白いことに、スタッフが「教育」を意識すると子どもは敏感にその「押付け」を嗅ぎ取り、その文庫は教育的効果を発揮しなくなる。

もしかすると文庫は、図書館の児童室の理想の姿なのかもしれないが、図書館の司書が、人よりも本を重視している限り、図書館は文庫の役を果たしえない。図書館本来の役割を考えれば、やはり図書館と文庫はアリとアブラムシのように、支えあって共存すべきものと思われる。事実、文庫の近くに図書館ができると、文庫に来る子どもも図書館に来る子どもも増えるという。読書という行為には習慣性があるから、読み始めた子どもは、もっともっとと、読みたくなるらしく、読書人口が相乗的に増えるのである。

1　文庫の種類

「文庫」の本来の語義は書籍、蔵書、または文倉だが、今、日本中にはびこる、「文庫活動」としてこの章で紹介する「文庫」は、少し違う。読書クラブ的ミニ図書館とでもいうのだろうが、無理に定義づける前に「文庫」と名のつくものを、「小規模な図書館」という意味の文庫も含めて、列挙してみよう。

資料館、美術館的な文庫

本来の語義の通り、著名な文筆家、政治家、或いはごく一般の個人の蔵書を本人の苗字など、しかるべき名前を付けて「何某文庫」等と呼ぶ。

展示のみのところもあり、閲覧はできても貸出はしないところも多い。

イ・実篤文庫――小説家武者小路実篤の作品、参考資料等が収められている。収集・研究家の中川孝氏の所有であったが、氏の没後県立神奈川近代文学館になる。閲覧のみ。(〇四五-六二二-六六六六)

ロ・金沢文庫――鎌倉時代の中頃、北条実時が、金沢郷(現在の横浜市金沢区)の居館内に作った武家文庫。古書一万三千余点、古文書約五千通、美術工芸品約三百点を中心に、鎌倉時代の貴重な文化財が保存、展示されている。また、実時以下、金沢北条氏歴代の人びとによって収集された「源氏物語」などの書物も金沢文庫本としてマイクロフィルム等で収集し、復元されようとしている。(〇四五-七〇一-九〇六九)

ハ・永青文庫――熊本県・細川家、特に茶道、能楽に関する文化資料、藩政史等の古文書類数千点。代々伝わる美術品、当主のコレクション等を展示。文書、書籍類が多いので、文庫と名づけられた。文京区目白台。(〇三-三九四一-〇八五〇)平日および二、四土曜日開館。

地域文庫

家庭文庫で「地域の為に開いているから地域文庫である」と分類する所もあるが、ここでは地域の自治体、公共施設(区民センター、町役場、集会所、駅、教会)等が主宰、又は施設の空き部屋等に本を置き、施設の職員がついでに担当し、地域住民が利用しているものを地域文庫とした。

貸出が中心で、寄付による古本を利用、無料で手続きも簡単な所が多い。雑誌、漫画、子どもの本を置く所もあり、大人の本のみを置く所も多い。

イ・東山住区青少年文庫――東京都目黒区東山住区センター。一九八四年開設。住区住民の古本で始まり、一時新本も購入されたが、本の増減はなく、大人向けと子ども向けに分類されている。スペースがないので閲覧はなく、貸出のみ。利用者による自主管理。蔵書約千冊。東山住区住民会議主宰。（〇三―三七一五―一八三六）

ロ・迫間《はさま》児童文庫――一九八九年設立。某高校教師が廃校になった旧迫間小学校の一室に聖霊高校の生徒達の協力で集めた三千冊の本を置き、迫間児童文庫と名づけた。管理を現地に任せたため、せっかくの試みも責任の所在が不明になり消滅した。が、実はこれは最初から、子ども文庫ではない文庫、の典型的な例である。子ども文庫であるには、まず人がいなければならない。子どもに本を選び、本を読み聞かせ、微笑みかける大人がいなければ「文庫」にはなりえない。

ハ・杉並区地域センター子どもの本研究会・ぐるんぱ――絵本『ぐるんぱのようちえん』の作者西内ミナミ氏が主宰していた「ぐるんぱ文庫」が、発展的解消で、一九七一年地域センターの一部となった。蔵書三万冊余の内子どもの本約一万冊。読み聞かせや子ども会の行事は西内氏及び元ぐるんぱ文庫の母親たち、貸出等は区の仕事と、当初は良かったが、人事が西内氏等文庫経験者を外したため「文庫」の良さがなくなり、只の図書施設になってしまっている。読み聞かせ等の活動は続いているが、本も子どももわからない人が、ただ劇的に読むのを読み聞かせとはいわない。
杓子定規な行政の管理体制が、文庫の魔力を消してしまった例である。

近頃、「文庫」を吸収しようとする自治体が多い。見方によっては良いことづくめ、好きな本を山ほど買ってくれるし、司書も置いてくれるし、新しくてきれいなセンターの一角で、子どもたちも会員ばかりでなく、知らない子も沢山集まってきて、とても有意義で役に立っているような気になる。が、これは「文庫」ではなく、図書施設に過ぎない。文庫の良さは対象が限られているところにある。知らない子どもに適切な本を選んでやるのは難しい。

移動文庫

地域文庫と同様、「気軽な図書館」ではあるが、移動車両、人件費等本以外にも経費が掛かるので、有料であることが多い。主婦と子どもを対象にしているものが多く見られる。

学級文庫

学校図書館とは別に、各クラスに子どもたちの不用になった本を持ち寄る等してクラスで管理して貸出等を行う。年齢相応な本を読ませるという意味で、学年が代わるときは下のクラスに譲る学校もあり、そのまま卒業まで持ち上げて、卒業時に処分する先生もある。

施設の文庫

ハンディキャップを持つ人たちや老人のための施設、或いは病院等の特別な施設にある図書設備。リハビリテーションを意図して作られた、良く整備されたものもあり、読み聞かせなどの世話をする人を置いている。

イ・わんぱく文庫――大阪市西区。盲人情報文化センター気付。施設付属の文庫ではないが、施設内の一室で活動している。視覚障害児のための文庫。蔵書は点字図書六〇〇タイトル・録音図書二五〇タイトル・点字絵本一五〇タイトル。利用者は登録が必要だが、貸出は無料。遠隔地には郵送による貸出も行っている。開館は第二、第四土曜午後。活動内容は貸出の他、コンサート、お話会等、健常児を交えて行っている。

運営は一口千円の寄付で。問合せは(〇七二六-二六-三八八三)

ロ・てんやく絵本ふれあい文庫(旧岩田文庫)――大阪市西区。視覚障害者文化振興会内。(〇六-六四四五-〇〇三五)代表　岩田美津子。点訳蔵書約三八〇〇冊、点訳者八〇名、その他約五〇名、一九八四年設立。目の不自由な母親が、健常児であるわが子に「読んで」とせがまれて点訳絵本を考案。活動自体は視覚障害者のいる家庭への郵送貸出が主だが、目の不自由な子どものためではなく健常児であるわが子への読み聞かせが文庫創設のきっかけになったところに、文庫の神髄を見る。

ふれあい文庫の（貸出）図書の発送

子ども文庫、または家庭文庫

本と子どもの好きな個人が、自宅と自分の蔵書を地域の子どもたちに開放し、お話や読み聞かせを通じて、子どもたちと共に本を楽しむ読書推進活動。世話役の母親達のお陰で、読み聞かせる本も、ものの考え方も、文庫に来る子どもたちの心に、じっくりと染み込んでゆく。

イ・（財）東京子ども図書館――東京都中野区。石井桃子氏主宰のかつら文庫（杉並区）、つちや文庫二カ所（土屋滋子氏、世田谷区等）、松の実文庫（松岡享子氏、中野区）の四つの文庫が一つになってできた。

形態も規模も立派に図書館だが、手作りの文庫の温かさも兼ね備えている。蔵書約一万冊。会員約千人。（〇三－三五六五－七七一一）

ロ・富士町文庫――東京都保谷市。末広いく子氏主宰一九七三年開設。読み聞かせ、貸出の他、絵を描き、スタンプを押し、クラフトを楽しみ、染め紙をする等、子どもたちに子どもたちの場を提供している。二〇〇人だった会員も塾等の影響を受けて五〇人程に減り、三五〇〇冊の蔵書めがけて通ってくる本好きの子どもたちも少なくなった。国際児童文庫の手本となった文庫。開館水、金。スタッフ五人。（〇四二四-六五-五七八九）

ハ・きりん文庫――東京都杉並区。開設一九八四年。徳永明子氏主宰会員四七人。蔵書二〇〇〇冊。区の地域家庭文庫育成制度の本も利用。貸出は二冊を一週間。お話、読み聞かせ、紙芝居、ペープサート、お手玉、おはじき等。残り少ない典型的な家庭文庫。（〇三-三三一五-五五八三）

国際児童文庫

連絡先はいずれもＩＣＢＡ（渋谷区鶯谷四-一八　〇三-三四九六-八六八八）子ども文庫の活動を、内容はそのまま対象を国際児(bicultural children：海外から帰国した日本の子ども・海外にいる日本の子ども・在日外国人の子ども・日本から母国に帰った外国人の子ども・両親の国籍の異なる子ども等、異文化を一年以上体験している子ども)に絞り、文庫内の使用言語を、定められた言語に限っている。また、国際児童文庫協会(ＩＣＢＡ)に所属している文庫が、国際児童文庫(ＩＣ文庫)である。幾つかのタイプがあるので典型的な「文庫」をとりあげてみよう。

イ・だんだん文庫（都内の英語文庫）――東京都目黒区東山社会教育会館。創設一九七七年。代表中村登志。蔵書六〇〇冊。外国人スタッフ三名。子ども会員二一名。毎週水曜日。他、都内には五カ所ある。

ロ・ナットクラッカー文庫（東京外にある英語文庫）――愛知県名古屋市。創設一九八二年。代表仁科。蔵書八〇冊、会員八名。外国人スタッフ三名。毎週木曜。この文庫は本が活用されていない。ICBAではなるべく規約を作らないので文庫の活動は規制されないが、本部から距離的に離れると、文庫の形態が異なる傾向がある。

他、横浜、川崎、藤沢、つくば等に七カ所の英語文庫がある。

ハ・コクシネル文庫（フランス語文庫）――東京都杉並区。設立一九八〇年。代表　井上真理子。子ども会員六名　スタッフ二名（外国人一名）他、都内に一カ所、ドイツ語のメルヘン文庫もある。

ニ・カタカナ文庫（国内の日本語文庫・在日外国人の成人対象）――茨城県つくば市。設立一九八七年。蔵書約四〇冊　代表　永田。

母国への帰国後、日本語のIC文庫の開設が期待される。休館中。

ホ・こりす文庫（海外の日本語文庫）――英国、ロンドン。設立一九八二年。代表　大木永里子。他に、ミラノ、トロント、マニラ、セーブル、ニューデリー、イリノイ、メルボルン、インディアナ、メキシコ等。

ロンドンのこりす文庫の読み聞かせ

へ・アランダ文庫（日本から帰国した外国人のための日本語文庫）――豪州キャンベラ市。一九八八年設立。代表　R・ドライズデール。

ト・パパロテ文庫（メキシコ人の子どもの為のスペイン語文庫）――メキシコ・ケルネヴァカ市。設立一九九一年。蔵書約五〇冊。代表　ゴンザレ。

2　子ども文庫

子ども文庫の誕生

子ども文庫は、戦後本のなかった時代に、子どもと子どもの本の好きな母親が、自宅の一室を本棚と共に近所の子どもたちに開放したもの。それは雨後のタケノコのように日本中に自然発生したが、「道夫文庫」が最初とされる。

「道夫文庫」は一九五一年、児童文学者村岡花子が、夭折した愛息の蔵書を子どもたちに開放し、「道夫文庫」と名づけて、読み聞かせや貸出を行ったもの。当時多くの児童文学者が、同様の文庫を開設したという。

子ども文庫の現状

先に述べてきたように、文庫は個人が、自分の意志で、自分のやり方で、自分の力でできる範囲で運営しているので、登録もせず、利益がなく税金も払わないから、その数も状況も実態がつかめない。一九五九年の日本図書館協会の調査では、全国で八五文庫、一九八四年の同調査では、五千近い文庫が列挙されているが、これは実数が増えたというよりも調査網にかかる文庫が多くなったということで、周囲の文庫の五つのうち三つはこのリストに入っていなかったので、実際は一万以上の文庫が活躍しているものと思われる。

文庫活動

文庫はバラバラに始まったものなので、共通の用語がない。たとえば文庫の主宰者の呼称一つでも、文庫のおばさん、文庫ママ、スタッフ、リーダー、世話人等々、さまざまである。が、なんとかここで文庫活動についてまとめてみたい。

イ・社会活動としての文庫活動

「文庫活動」には社会運動としての顔もあり、実際文庫に携わっている人たちにはこれで政治を変えよう等という意識はないのに、その熱心さにつられて地域の行政が動いてしまう。たとえば①本の援助②図書館から文庫への本の貸出③文庫同士の連絡会の結成④会場使用の特例⑤子ども会の主催共催等、文庫が地域に要求し、援助を受けるに至った。

ロ・季節の行事も文庫の活動

お正月、雛祭、イースター、お花見、子どもの日、母の日、クリスマス、大晦日等、年中行事に加えて、お誕生会、さよならパーティ等文庫によって規模も工夫も違うが、行事にともなうさまざまな約束事を子どもたちに伝え、それにちなんだ本を読み聞かせる口実に、文庫の活動に季節の行事をとりいれる。地域の行事やお祭りにも積極的に参加する。他、お話の会、音楽会、ピクニック、観劇、等。外国の行事もとりいれる。

ハ・文庫のカリキュラム、文庫の活動内容

ゲームや工作も、文庫活動の内である。主活動は、読み聞かせ、貸出、各々の読書だが、プランを練り、目先の変った手作業やゲームで子どもたちを本とことばの世界に誘惑する。手紙やカード作り、紙芝居・絵本作り、人形劇、わらべ歌、しりとり、ことば遊び、カルタ等。本を読みたくない子には無理に読ませない、のも読書指導の重点。読まずにはいられなくなる楽しいカリキュラムで、子どもたちを本の世界に惹き込む。

文庫の運営、文庫をつくるには

イ、心構え

文庫を作るのに大切なのは他人でも本でもなく、自分自身の心構えである。一週間にたった一日、三、四時間開けるだけでも効果を上げうるので簡単にできると思いがちだが、これから一生、毎週続けられるか否か自問してほしい。毎週で無理なら隔週、あるいは月に二度ずつでも悪くはないが、決めたからには休んだり止めたりせず、続けることである。できれば、やっぱり、せめて、毎週が良い。覚悟が決まったら、気の合うパートナーを捜す。すっかりひとりでやる方が気楽、と言う人もいるが、病気等の時は、ちょっと休めば良いと、気軽に休むことを考えてはいけない。

ロ・日、時間、場所を決める

地域によって学校の早く終わる日や、たとえばピアノ教室が流行ればその日を避ける等、地域の状況で決めると良い。子どもたちの集まりやすい曜日と時間を調べたら、あとは会場。自宅が使えなければ公民館等を捜す。当日の本の置き場、使わぬ日の保管場所などもチェックすること。

ハ・子どもたちを集める

開設時の子ども会員は少ない方が良い。五、六人から始めれば、顔と名前と趣味と性格と読書力を間違いなく記憶し、適切な本を選んで与えることができる。少しずつ増えるなら二、三十人の子どもについて正確に記憶するのも可能だが、一度に記憶するのは無理。宣伝方法はマスコミより口コミ。せいぜい電信柱にポスターを貼るくらいにしておいた方が良い。

ニ・本を揃える

子どもたちが集まったら、その一人一人を頭において本を揃える。自分の本棚をそのまま提供するなら良いが、他所から古本を集めてはいけない。本当に本の好きな人は一番好きな本を手放しはしないのだから、古本は常にセカンドベスト。入会金は必ず貰って、その子のための本を購入する。

ホ・その他の準備

紙、糊、鋏、クレヨン、画鋲、セロテープ等、必要な物を揃え、貸出カードを各三枚作る。本を並べて子どもたちを待つが、事故の場合を考えて、近くの医院に連絡を付け、市町村にあるボランティア保険に入るのも大切。また、社会教育団体として地域に登録すると、施設を安く使える。

一番大切なのは、良い本を選び、全部読んでおくこと。本屋の店員ではないのだから、表紙と題名だけで、子どもに本を手渡してはいけない。あるいは何かの書評や、出版社の案内等で、子どもに本を選ばないでほしい。そんな本の選び方をしたのでは、文庫の価値がなくなってしまう。

本を下読みしたら、幾つかを読み聞かせができるように練習し、さらに幾つかは「お話」ができるように覚えてしまおう。もちろん新しいお話でなくて心に残っている昔話でも構わない。お話のレパートリーがあるということは、カラオケなんぞでマイクを離さずにヒンシュクを買うおばさんたちとは次元の違う魅力なのだから、より有意義に人生を生きている証である。

こうして子どもの本を読んでいると、心の中から殺伐さが消え、自然に目尻が下がって文庫おばさんの顔になる。すると子ども達が近寄ってくる。さあ、子ども文庫を開いて、平和な未来を!!!

3 国際児童文庫(略称ＩＣ文庫)

さて、「文庫」ということばもその実態も、ひどくアバウトで個性的なものであるということがご理解いただけたと思う。ここで特に国際児童文庫(以下ＩＣ文庫)をとりあげるのは、自然発生して広がった「日本本来の子ども文庫」(以下「日本の文庫」)という定義しにくい読書活動が、ＩＣ文庫という、日本の「文庫」をあとからなぞって組織的に作られた文庫を語ることによって、その長所も短所も含む実像が、鮮明に浮き上がると思うからである。

IC文庫の成り立ち

一九七七年九月五日、東京都目黒区に、世界初のIC文庫「だんだん文庫」が誕生した。これは当初、海外から帰国した日本の子どもの外国語維持と、日本への再適応が目的であった。それは一九七五年九月、在日英国人オパール・ダンと、英国から帰国した小林悠紀子との出会いに始まる。

英国文化振興会副代表夫人だったオーパル・ダンは、子どもたちの日本への再適応ぶりを身近に見た。せっかく英語の本を読む力と読書習慣を身に付けてきたのに、帰国後は英語で話す機会も読む本もない。事実、当時文部省の方針で、帰国児は日本語を覚えるために早く英語を忘れるよう、いわゆる「外国語剝がし」が行われていた。ダンは児童文学関係者との親交も厚く、前述の末広氏の富士町文庫等を見学して、既にひとつのアイデアを得ていた。「帰国児の為に、日本の文庫の使用言語を英語に置き換えたら……」。学生時代から児童文学の同人誌に携わり、帰国児の母で英語の通じる小林は、ダンのアイデアを実現させるうってつけのパートナーだった。

しかし、使用する言語を英語に置き換えるだけでは国際的な文庫にはならない。たとえば、読む場所は？　帰国児も外国人スタッフも、靴を脱ぎたくない。個人宅でなく、靴のままゲームもでき、大声で歌える場所。条件に合う会場と支援を期待して、小林は幾つかの研究協力校（帰国児の日本適応に配慮する学校）を回ったが、理解は得られず、「帰国児に英語の本を読ませたいなら、教官室の本棚に入れておきます。読みたい子は来るでしょう。でも、外部の人を校内に入れるわけにはゆきません」というのが大部分の、帰国児担当の先生のご意見だった。「地域への学校開放」は一体何だったのか。

内容を検討しつつ、やがて新設の東山住区センターに開設。「だんだん文庫」という名称には「ダン」のもじりと、だんだん広がるようにとの願いを込めた。本はダンの書棚から帰国児のために選ばれた四〇冊、スタッフはわれわれ二人と、後に加わった山内の三名。子どもは五名という小規模なものだった。

活動内容も日本の文庫をなぞった。つまり、本を読み、絵を描き、お話を聞きお喋りもする。ただし、読み書きをする時のスタッフの意識が違う。たとえば、文庫に来たとき、入口にある紙に英語で名前を書く。日本の文庫なら、「来ましたよ」という印にすぎないが、IC文庫では、きちんとサインできるということは、ひとつのポイントである。幼い子の耳と口だけの英語を、少しでも文字に結び付けていこうという下心である。

だんだん文庫が読み聞かせの他に特に力を入れるのは、詩の暗唱と英語劇である。本の分類でも、詩の本は一項目別に設け、年に何回かはポエム・コンサートと称して、両親を招き、好きな詩を暗唱や朗読したり、謳ったりする。絵本作りも子どもたちのお得意。絵本を丸ごと描き写す子もいるが、『象のババール』をテーマに共同制作したBABER VISITING JAPAN(『ババール日本にやってくる』)は、作者のブルノフ氏と子どもたちとの交流のきっかけにもなり、氏のサイン入りのザラ紙の絵本は、二〇年後の今も大切に保存されている。

さて、たった五名の子どもと四〇冊の本で始められただんだん文庫は口コミだけで広がり、一年

体を使ってことばあそび（ワードゲーム）　東京・目黒区だんだん文庫

もたつと、一四、五名の子どもが集まった。

だんだん文庫から国際児童文庫協会（略称ＩＣＢＡ）へ

一九七九年二月、全国四紙に取り上げられ、ひと月で二〇〇本以上の電話があり、入会待ちが一二〇名になった。帰国児の多くは、数週間で日本語を普通に話すようになり、流暢な外国語は影をひそめる。しかし、心に染み付いた外国語が簡単に消えるはずはなく、どの子の心にも無理が生じて、外国語のみか、話すことを忘れる自閉症や、いじめから身を守る登校拒否が始まる。その子どもたちを救うためにも、一刻も早く文庫に受け入れる必要があった。しかし文庫のスタッフはプロの教師ではなく、大勢の子どもは扱えない。小人数の文庫を数多く作るしかない。資金はないが、善意と熱意は山ほどあった。だんだん文庫の二年間の経験と二〇〇本余りの電話と、手紙、その他の情報を基に、組織的にＩＣ文庫の数を増やすことにした。

この年の六月、需要に追われて国際児童文庫協会が結成された。資金はダン、小林、山内、三宅の四名で出し合ったわずか二万円だった。

国際児童文庫協会の英語名はInternational Children's Bunko Association略称をＩＣＢＡと定め、小林宅を事務所として、後に次の要綱をまとめた。

イ・事業内容　①文庫の新設②文庫運営の援助③会員の研修④総会、講演会、研修会の開催⑤ニュースレターの発行⑥国際児の読書指導。

ロ・ＩＣ文庫とは、従来の日本の文庫の使用言語を特定の外国語または日本語に置き換え、対象を国際児（①海外に居る日本の子ども　②一年以上海外で暮らした帰国児　③在日外国人の子ども④両親の国籍の異なる子ども　⑤その他、二カ国以上の文化を一年以上体験した子ども）に限った文庫の総称で、ＩＣＢＡに所属している文庫をいう。

ハ・ＩＣ文庫は「子どもに良い本を積極的に与えることによって読書欲、読書習慣を身に付け、ことばへの興味と、文化への理解を育てること」を第一目的とし、「外国語の本の読み聞かせ、ことば遊びや歌を通じて無理なく外国語の能力を維持向上し、その国の文化を自分のものとして理解する国際感覚を失わせないようにすること」を第二目的とする。

ニ・文庫活動の目的は、本を読ませることにあるので、読書を通じて異文化への理解を深め、決して安易な語学教室にならぬよう留意し、原則として次の要領で文庫を運営する。①毎週一回、主に週日の午後、二、三時間、地域の公民館等で開催する。②スタッフには必ず一名以上、そのＩＣ文庫の使用言語を母国語とする外国人を含み、日本人スタッフと協力し合って運営する。③国内のＩＣ文庫では、子どももスタッフも日本語は一切使わず、定められた外国語を使わなければならない。④子どもたちの本に対する理解を深め、ことばへの興味を引き出すために、次のような活動を行う：本の読み聞かせと貸出、絵本・紙芝居作り、詩の朗読と暗唱、ことば遊び各種、その他のゲーム、歌、文通、劇等。⑤三十分程度のスナックタイムを設け、誕生会、自己紹介、外国文化に親しむための各々の滞在国の年中行事の紹介、子どもの有志による読み聞かせ等。

ＩＣ文庫の得たもの

ＩＣ文庫の歴史も二三年になる。そのモデルとなっただんだん文庫の第一回の卒業生は立派な社会人となり、父親、母親となって、自分の子どもに読み聞かせを続けている。したがって、ＩＣ文庫の教育効果と言えるものが現れてきた。日本の文庫活動の教育効果を信じ、パイオニアとして手探りで外国語の文庫活動を続けてきたＩＣＢＡにとって、これ以上の喜びはない。

イ・語学力の向上と維持

帰国した子どもは、数週間で外国語を話さなくなるが、これは忘れるのではなく、新しい環境に適応するために潜在意識の中に閉じ込めるだけなので、わずかな時間でも毎週外国語を使う環境に戻ることによって、閉めてしまった心の扉に隙間が生じ無意識の内に外国語が維持できる。

絵本程度の英語しか維持できなかったはずの子どもが、五年後に再渡米して実年齢並みの学年に編入され、英語の実力を証明された例もある。外国語を必要とする環境に戻った時、実力が発揮されるようである。

ロ・語学力の引き出し

IC文庫には必ず外国人スタッフが居て、読み聞かせやゲーム等を一緒に楽しむので、子どもたちにとっても自然に外国語を話せる状況である。また、学齢以前に帰国した子どもには外国語の維持は不可能というのが学説のようだが、ことばを話さない二歳以下で帰国して数年たった子どもが、文庫の楽しい雰囲気の中で英語を話し始めた実例もある。

ハ・創造力

これはIC文庫の影響か海外での教育の成果かはっきりしないが、総じてIC文庫の子どもたちは、読むことよりも、書いたり描いたり、作ったりする方が得意で、劇や詩を勝手に作ってスタッフを楽しませてくれる。

ニ・読書力と読書習慣

何年も文庫に通った子には自然に読書力がつき、読書力は大学受験の頃にその効力を発揮する。高学年になっても塾にも行かず文庫に通った子どもたちが、難関と言われる大学に帰国枠等関係なく合格している。英語と国語は勉強する必要がなく、知らぬ間に古典も漢文も遊びで読みこなして得た余裕である。これはＩＣ文庫だけでなく、日本の文庫にもあることなのだが、ＩＣ文庫は外国語を扱っているから目に見える結果になって現れたと思う。こうしてみると、文庫活動こそ、今の日本の教育の欠陥を補いうる活動だという確信が持てる。思えば文庫活動は、昔なら家庭教育として、年寄や両親が、歌いつつ、遊びつつ、子どもに伝えていた事柄である。知識には体験がともなわなければ意味のないものが多いが、中でも「ことば」という知識の源は辞書を丸暗記して得られるものではない。「ことば」のもつニュアンスは、文の中で語られてこそを体験することができる。老人のしわに囲まれた瞳で語られる昔話に「人生」ということばの深さをも知るが、辞書でのみ学ぶ人には、人生は「人の一生」でしかない。

今、日本の学校や塾で教えるのは、知識でしかない。鋏の輸入経路を詳しく知っていても、紙を切れなければ鋏を知っていることにはならない。ところが優れた本は、その著者の経験をそのまま読者に体験させる。

図書館や本屋の店先にある優れた文学書、物語、絵本等を、先人の知恵と共に子どもたちに手渡し、読み聞かせるのが文庫の役目である。

4　これからの文庫活動

文庫の良さは、子どもの個性を大切にする点にある。みな同じに、でなく、一人ひとりが違うという認識があってこそ、めいめいの好きな本を好きなように楽しむ、という文庫の基本が成り立つ。全ての子どもを同じ鋳型にはめる日本の教育の中で、子どもは一人ひとりが異質だと認めるところに文庫の神髄がある。文庫活動は日本で生まれ日本で育った、真に世界に誇りうる活動であり、教育に資金が回らない発展途上国に、広めてゆきたい活動である。

ただし、その性格上、広めるために手引書を作って一斉に、はできない。これまでに繰り返し述べたように、文庫活動は子ども一人ひとりの個性を大切にしてこそ効果が上がる活動なので、広汎な手引書など害あって益なし。良い文庫を作るには、経験者が自分の経験を話し、聞き手がその中から、その地域、その子どもたちに合った文庫を作り出すしかない。効率良く文庫を増やし、効率よく運営することなどできない。してはいけない。良い文庫はそれではできないのだ。なんでも手軽に済ます世の中だが、子ども相手の仕事は手を抜いてはいけない。手を抜いた読書案内、手を抜いた読み聞かせでは、本の好きな子どもは育たない。そして読書なしには、判断力のある子は育たない。

便利で忙しい世の中だからこそ、これからの文庫は、これまで以上に誠実に、地道な活動を心がけたい。できれば一冊ずつゆっくり選んで図書館の団体貸出を利用し、「良く勉強して本を知っている司書」だけが、地域の文庫を訪れる資格をもって子どもたちと遊ぶようなシステムもほしい。が、何よりも一人でも多くの人に、文庫の本質を知ってもらうのが先なのかもしれない。

文庫活動には資料が少ないので、直接のコンタクトによって情報を得た（数字は大部分が一九九九年五月現在）。資料としては『子どもの豊かさを求めて』一九八四年八月、日本図書館協会刊、「伊藤忠記念財団の概要」平成一〇年度版を参照。同財団は二三年間、文庫活動の援助を行っている。

第8章　図書館の歴史

二村　健

図書館は初めからあのような姿だったのだろうか。そもそも図書館はどうしてこの世に生まれたのだろうか。この章では、こうした図書館の歴史を扱うことにする。しかし、図書館の歴史とは、図書館の発達史なのだろうか。だとすれば、何をもって図書館の発達というのだろうか。それとも図書館の変遷史なのだろうか。歴史を叙述する方法として、全体的な流れがわかるように、地域を限定したりせず、全時代を順を追って述べる通史《つうし》という方法もあるが、観点を絞って書くこともできる。図書館では、制度史、建築史、技術史、文化史などの面から書くことができる。そこで、この章では、通常の図書館史から少し観点を変えて、将来の図書館のあり方を探りつつ過去を見直すことができるように、情報伝達媒体とか記録媒体、すなわちメディアを分析の観点に据え、また、できる限り日本を中心にして述べてみたい。

理解を助けるため、大まかな流れを図式化してみよう。

文字の発生→書物の発生→図書館の発生
印刷術の発明→社会の知識財産の蓄積→図書館の変容
メディアの多様化→未来の図書館

さらに、この章では、読者もよく耳にする「情報」という言葉が頻繁に出てくる。「情報」と「本」は同じものとは思えないが、どういう点で関係があるのだろうか。詳しく述べる紙数はないので、ここでは、次のようにしておく。①「本」は視聴覚資料などと並んで図書館資料の一つである。②「資料」とは紙とか磁気テープといった物性を持った「物」に「情報」が記録されたものである。つまり「物」と「情報」が不可分に結びついたものが「資料」である。③「情報」は意味内容をもっている。メッセージとしてとらえることができる。④したがって、伝達され、蓄積され、受け手には知識を増やしたり、何らかの判断または行動を起こさせたりする効果を持つ。⑤「情報」は、物に固定化されて運ばれたり、電導線の中や電波に乗ってやってきたりする。こうしたものをメディアと呼んでいる。簡単にいうと、容器でありパイプである。「本」は「情報」を盛り込んだ容器の一つである。

1 情報の記録が可能になった——文字の発明・紙の伝来

一冊の本があるとする。どのような形をしているか調べてみると、表紙・背表紙・タイトルの書いてあるページ(標題紙という)・中身のページ(多くはページ番号が打ってある)・最後の出版社とか印刷所などが書いてあるページ(奥付という)などからできあがっている(詳しくは第5章)。しかし、このような形が整うのは、一六世紀になってからのことである。

本は、書物・書籍・図書・文献などという別の言い方をもっている。この章では、「書物」という言葉を主に用いる。大昔の書物は、決して今のような形をしていなかった。たとえば、四世紀後半から五世紀にかけて、日本の大和朝廷の朝鮮半島への進出を今に伝える高句麗の好太王《こうたいおう》の碑文は有名だが、あのような金石文《きんせきぶん》も広い意味で書物ということができる。

図書館の歴史はこの書物の歴史とともにあるといってもよい。書物の発生は、もちろん、文字の発明によってもたらされた。このあたりを注意して見ていけば、図書館が人間社会に現われた大本の原因がわかると思われる。何分、記録物そのものが発生したばかりの大昔のことなので、すべて推測の域を出ないが、おおかたは次のようなことが考えられている。

人類はサルから進化し、直立歩行するようになった。このことにより、脳の発達が促され、日常生活あるいは部族的共同社会を営むためのより多くの情報を処理できるようになった。そして、集団社会の規律と統制をさらに強固にするため、発声に独特の意味を込めるようになっていったと考えられる。これが、言葉の発生である。集団のリーダーは部族社会の酋長や王となり、やがて、王権の由来、歌謡、きまり、教訓など、集団を維持していくのに必要なことがらを、神話・伝承などの形で子孫に伝達していくようになる。この伝承を専門の生業としていたのが、語《かた》り部《べ》といわれる人びとである。

伝承は、世代を超えた情報の伝達行動である。はじめは、この部分を永らく人間の脳の記憶機能にのみ頼っていた。共同体を営む限り情報は日々生産される。共同体の規模そのものも大きくなってくると、人間の脳の記憶容量ではいずれ不足してくることは明らかである。こうして、人類は、必然的に永続的な情報記録媒体を必要とするようになったのである。

このような展開は、わが国で『古事記《こじき》』がつくられた事情にも見られる。日本の語り部の代表格は、有名なあの稗田阿礼《ひえだのあれ》である。大和朝廷は、自己の歴史として、「帝紀《ていき》」、「旧辞《きゅうじ》」を六世紀中頃からまとめはじめ、そして、八世紀はじめ稗田阿礼の暗誦したこれらを太安麻呂《おおのやすまろ》が筆録して古事記ができあがった話はよく知られている。

ところで、情報の表現は言葉だけとは限らないことは指摘するまでもない。言葉によらない情報伝達のことも考えてみなければならない。たとえば、初めてマンモスに出会った人類のことを考えてみよう。他の仲間に、あの巨大な得体の知れない動物のありさまを伝えることは、言葉だけでは不十分なことは容易に想像できる。目で見て具体化しているものを他人に伝達するには、言葉では不足する場合がある。はじめは、小枝で地面に絵を描いて自分の見たものを相手に伝えるということもやっていただろう。洞穴の壁に描けば、風雨を避けることができ、表現されたものが持続することを知るようにもなっただろう。こうして、人類は文字の最も原型である絵文字を発明していくのである。

口頭による伝承と絵文字による伝承とは、直線的に入れ替わるように転換したのではなく、しばらく両方が併用されたと想像される。なぜなら、絵文字の持つ情報はきわめてあいまいで、一つの絵で複数の観念が表されていたからである。絵文字とは、単なる自然界の描写ではなく、何らかの意味と結びつけられた記号的なものをいう。これが、絵の輪郭のみになり、象形文字《しょうけいもじ》となっていった。こうして文字の形と意味とが結びついた表意文字が生まれるのである。

もう一つの文字の形態である表音文字は、表意文字の発生から比べるとずっと時代が下がってから発明された。これは、シナイ半島周辺のセム族が紀元前一八世紀頃アルファベットを発明し、フェニキア文字を経てギリシア文字に受け継がれたとされている。

さて、一方、文字を記録する媒体そのものの発明について見ることにする。たとえば、メソポタミアの粘土板であり、エジプトのパピルスである。書写用の媒体に情報を記したものを書物と呼ぶという立場を取るならば(こうした立場を取る文献には、参考文献エリク・ド・グロリエがある)、現存する最も古い書物は、先ほどの洞穴絵画などである。そうすると、初めの頃の媒体は、岩や石のような非常に硬いものであったということになる。ただ、岩や石が、そして後の時代の亀甲や獣骨あるいは青銅器が、書写用の優れた媒体であったかという点には疑問が残る。文明や文化を押し上げるような働きを持った媒体の条件は、少ない費用でいつでも簡単に生産できて、扱いやすく書き込みがしやすいものでなければならなかったであろう。

現存する最も古い粘土板による書物は、メソポタミアの紀元前三五〇〇年代のものである。粘土板による書物は、板状にした粘土がまだ柔らかいうちに、尖ったかどのある棒で楔《くさび》状に跡をつけて文字を書き、保存の効くように日干しにしたり、火で焼くなどして生産された。一方の、現存する最も古いパピルスの書物は、エジプトの紀元前三〇〇〇年頃のものである。パピルスは、湿地に棲息する高さ二メートルほどの多年草で、古代エジプト人は、その茎の随を細くひき裂いたものを縦横に何本も並べて糊づけしてパピルス紙を作った。一枚ものとして用いるほか、何枚も貼りつないで棒に巻き、いわゆる巻子本《かんすぼん》としても用いられた。

わが国における特筆すべき記録媒体と書写方法は、中国・朝鮮より伝わった木簡または紙に墨書することである。木簡はヒノキ・杉材などを長さ二〇～三〇センチ幅四～五センチに板状に削り、墨と筆を用いて一～三行を記録するものである。それ以上の字数のときは、何枚かの木簡をひもでつないで記録した。この木簡は携行の際もかたくずれせず、また、情報カードのような用途にも使用できる。表面を削れば再生して利用できる点でもすぐれた記録媒体といえるだろう。わが国で縦書きの習慣が根付いたり、和歌などを短冊に記すようになるのも、この木簡の利用によるところが大きいといわれる。わが国では飛鳥時代(一般に推古天皇の時代を中心に仏教伝来の五三八年から大化改新の六四五年まで)から近世に至るまで用いられた。次の紙がまだまだ貴重品であったせいか、用途によって紙と併用される時代が長く続いたことが特徴である。

一方の紙といえば、中国の蔡倫《さいりん》という人が紀元一〇五年に発明したとされていたが、どうやら、それまでにあった製紙技術を洗練させ、高品質の紙を製造するよう技術を改良したと考えるのがよいようだ。わが国には朝鮮を経て、推古天皇の六一〇年頃に伝わったとされる。日本では独特の製法技術を発展させ、もとの中国で用いられていたものと比べて強靱《きょうじん》で良質の和紙を生産するようになった。原料としては、よく知られる独特のコウゾ、ミツマタ、ガンピなどで、奈良時代には国営の製紙場も作られるようになり、民間でも製造されるようになった。

以上のように、わが国の例も含めて、当時の世界の先進文明地帯では、日常的に扱うべき情報量の増大と、空間的な生存圏の広がりに対して携帯・移送に便利であり、しかも、時間的にも永続する記録媒体を発明するに至った。次には、それまで蓄えられていたさまざまな人間の智恵を人類の財産として後世に伝える社会システムを登場させたのである。

図書館の文化的使命として次の二つがあげられる。一つは、著作物の収集・保存である。二つ目は、著作物を整理し有効な処理によって人びとの利用に供することである。古代の図書館は、まず、第一の使命を満たすために作られた。現在、わかっている人類史上最も古い図書館の一つは、紀元前二〇〇〇年頃の地層から発掘されている。メソポタミア(シュメール時代)のニップールにあった神殿の図書館である。この他、著名なものは、アッシリアのニネヴェにあったアッシュルバニパル王(B.C. 668-627)の図書館で、約二万点の粘土板が発掘されている。この図書館は、主題ごとに部屋が分かれ、部屋には棚が作られ粘土板がきちんと整理され収められていた。各部屋には所蔵リストが付され、各粘土板には所在位置を示すタグ(札)が付けられていた。これは、今日の請求記号

（詳しくは第5章）が受け持つ役割の一つを果たすもので、蔵書管理上、かなり進んだ形態をとっていたことが知られている。

古代エジプトあるいはこれを継承するギリシアのパピルス巻子本図書館もそうであるが、集書はすべて写本によっていた。書写を専門の生業とする人びとが図書館の周辺に存在した。周辺諸国の書物までも収集するために、書写生が遠くまで派遣されたりした。また、ギリシア時代の図書館では写本が盛んに生産され、販売まで行われていた。その際、原本と違わないように校訂を行う専門の学者まで抱えていたのである。

ここで私たちが注意しなければならないことは、こうした古代の図書館がかなり大規模な蔵書を備えていたことについて、それがなぜ集められたか、どのように集められたかということである。まず、この時代、書物の生産は簡単にはできず、その生産が特殊な権力を背景に行われていたこと。知識そのものの管理が、王権または宗教的特権の範囲にしっかりと位置づけられていたこと。したがって、文化を保存し継承するという観点からは人類史に対して多大な貢献をしたが、一般の民衆にはまったく図書館の存在意義がなかったということである。

歴史を見るにあたって、文化とか文明といわれる範疇《はんちゅう》では、中心となる先進地域が周辺に影響を及ぼすという構図で解釈されるものが相当数ある。一方で、事物そのものが持っている性質から、空間的な脈絡のない場合でも、類似の形態をとって出現するいくつかの事柄のあることが知られている。日本の図書館の歴史を見る場合、後者の例が多く見いだされるようである。

わが国の場合について、これまでのように発生史的観点から調べてみる。わが国における文字の使用は、もちろん中国より伝来した漢字である。中国からもたらされた文物に漢字の記されたものが入ってきたのは、紀元一世紀頃といわれているが、国内で生産される書物に使用されるようになるのは五世紀以降である。

よく知られるようにわが国では万葉仮名が漢字の表意性を無視し、単に音だけを表わす文字として大和ことばを表記するのに用いられた。これは、漢字の母国中国とは異なった歴史の経過を示すもので、世界の文字の発達史に近い独自の発展と考えられるものである。この万葉仮名をさらに崩して平仮名がつくられた。また、別には漢字の画を簡略化することによって片仮名もつくられた。このように自分たちの言語を表記し易い独自な文字を持つことによって、宮廷文化が花開き、日本の書物の歴史に大きな彩りを添えることになった。

日本の図書館の起源は古く、大宝律令(七〇一年)の官制に見える図書寮《ずしょりょう》に遡ることができる。図書寮は国史の編纂・図書経籍類・仏典・仏像などの保管の場であった。また、図書寮以外にも、文書・記録類の保管庫としての役目を持つ文殿《ふみどの》(または、ふどの)が設置されていた。一方、仏教が伝来し、各地に寺院が建立されたが、そこに仏典・写経などを収める経蔵《きょうぞう》が造られた。こうした施設は、一種の図書館的な機能を持っていたが、一般への公開は行われていなかった。その意味で、奈良時代末に石上宅嗣《いそのかみのやかつぐ》が開いた芸亭《うんてい》は、日本最初の私設公開図書館であり、日本図書館史上画期的意義を持つ。宅嗣は、その旧宅を寺となし、その一角に外典《げてん》(仏教関係の書物を内典といい、それ以外の一般の書物を外典といった)を収めた文庫を設け、好学の人びとに蔵書を公開して自由に閲覧させた。平安初期の儒者として著名な賀陽豊年《かやのとよとし》は、この芸亭で、「博く群書を究め」(続日本紀)たといわれる。平安時代には、紅梅殿《こうばいどの》・江家《こうけ》文庫・法界寺文庫・宇治文庫などの個人の文庫が設けられたが、いずれも芸亭のような一般公開はせず、各氏族の者以外は閲覧できなかった。ランガナータン(著名なインドの図書館学者)のいう「書物は万人のために」の精神にもとづいた図書館サービスを、芸亭が先駆的に実践していた事実は、高く評価されてよいだろう。

武家社会の確立した鎌倉時代では、金沢文庫が代表的な図書館といえる。金沢文庫は北条実時が創設し、仏典・和漢の各分野にわたる膨大な群書を収めていたといわれる。ここで注目すべきは、『北条九代記』に「読書講学望みある輩は、貴賤道俗立籠りて学問を勧めたり」と記されているように、その蔵書を北条氏一門のみならず、一般の人びとにも貸し出していたことである。こうした一般への門戸開放は、芸亭にも比すべき歴史的意義がある。金沢文庫は、北条氏滅亡後、称名寺に委ねられ、その旧書も江戸時代初期には、幕府によって富士見亭文庫に移された。現在の文庫は、昭和五年に県立金沢文庫として再興したものである。

武家の創設した文庫では、室町時代初期に成る足利学校も有名である。足利学校は、僧侶の研修施設ともいうべき場であったが、その文庫は、学校図書館のような機能を持ち、漢籍を中心とした蔵書三〇〇〇〇冊を数えた。

2 情報の複製が容易になった——印刷術の発明・伝来

西洋における活版（活字を組み合わせて作った印刷版）印刷術の発明とその利用の世界的普及は、その後の人類文化の発展に多大なる貢献をした。この発明は、ドイツのマインツに居たグーテンベルクに帰されているが、発明したというよりは、むしろ当時の印刷技術を集大成したというほうがよいだろう。一四五〇年代のことである。このヨーロッパの一地方で深められた可動式活字印刷術が、周囲に普及するにしたがい、書物の形態と文化そのものの双方に影響を与えていった。

印刷術の発明に至ったのは、書写媒体としての紙の普及ということが無視できない。紙は、発明地の中国で約六〇〇年間用いられた後、トルキスタンのサマルカンドで製造されるようになり（七五一年）、ようやくイスラム世界に伝わるようになった。イスラム世界では、紙の製造と販売を約五〇〇年間独占し続けた。独占といったが、その頃のヨーロッパ世界では、キリスト教の教義にしたがい異教のものは排除するということが徹底していたため、イスラムの世界より伝わった書写媒体がいかに便利なものといえども、自分たちの書写媒体であった羊皮紙に固執していたのである。紙の使用を認めないという禁令（一二二一年）まで出されたほどである。それでも、一二七〇年には、最終的にキリスト教世界にも紙が伝わった。

活版印刷以前に木版印刷という時代も有った。この印刷術自体は、東洋世界の方が早く確立している。中国では、四世紀頃、石刷りの印刷が行われ、七～八世紀の唐代には木版で経典などが印刷されている。この木版とは、文字を活字の組合せで印刷する活版とは違い、挿絵なども含めてページ全体を一枚の版木に彫るものである。西洋世界では、木版印刷は本の挿絵を制作する以外あまり便利に用いられていなかったようである。なお、この木版による現存する世界最古級の印刷物が日本にある。七六四年、称徳天皇が発願して、七七〇年に完成した百万塔を作らせたときの陀羅尼《だらに》経《きょう》がこれである。これも、すでに日本に紙の製法が伝来し定着していたという前史があったからに他ならない。現在、国立国会図書館に保存されている。

可動式の活字印刷は、一〇四一―四八年頃、中国の畢昇《ひつしょう》が粘土活字を発明している。このほか、木活字や錫活字も工夫された。朝鮮においては、一二三〇年代にはすでに銅活字による活版印刷も行われ、これは、グーテンベルクの発明より二世紀以上も早い。しかし、劇的な変化を文明社会にもたらすような利用のされ方は、西洋世界においてこそなされたといえるだろう。この点で、グーテンベルクの印刷術が世界史的にクローズアップされるのである。

西洋世界の印刷術が書物の形態に与えた影響として、次のようなことがあげられる。①目録を作るのに便利なように標題紙が作られるようになった。それまで、古代の図書館などがよい例であるが、本文の一番始めの言葉によって目録が作られるなどが行われていた。②ページ付がされるようになった。それまでは、各ページの終わりの言葉を次のページの頭に書くというやり方で、続き具合いを示していた。③冊子本ではなくチラシ・パンフレットのような簡単な印刷物、後には新聞なども創刊されるように、商業路線に容易に乗りやすい大量消費に適した形態のものが生産され、一般の民衆にも親しめるものになった。④書物の形態が小さくなった。それまでは、フォリオ版(二ツ折判)と呼ばれる大きな版であったものが、六ツ折、八ツ折(縦約二二・五センチ横約一五センチ)のような小さな判型になり、これによって携帯性が増した。

印刷術とは、簡単にいえば、文書を大量複写する術のことである。言い換えれば、情報の大量複製の技術に他ならない。社会に大量の情報が頒布され、蓄積され、共有されることになれば、人びとの精神生活にも影響を与えないわけにはいかない。

百万塔と陀羅尼経

文化面に与えた影響は次のようである。①大量に人の目に触れることになったため、各国の国語が標準化されるのに貢献した。②活字を組むという作業面からの要請により、語の綴りが一つに統一された。手写の時代には、手写する人の癖が反映されたり、綴りそのものの働きが音を表わすのみの役をしていたためにまちまちであったのである。これ以降、綴りがよりいっそう言葉の意味と結びつくようになった。③このことから、書き言葉と話し言葉の差が広がるようになった。④黙読が習慣化するようになった。本が以前ほどは入手しにくくなったので、一人が音読するのを大勢が聞いて内容を理解するという方法から解放された。行きつ戻りつ文意を確かめながら読書することができるようになったので、書いてある内容をより批判的に考えることができるようになった。

この印刷術の発明により作られた初期の頃の印刷本は、一般にインキュナビュラ（揺籃期本）と呼ばれている。しかし、手書きの写本こそ権威のあるものと考えられていたこの頃は、むしろ侮蔑の対象とされていた。宗教改革を経験したヨーロッパでこの印刷術を真っ先に取り上げたのが、前代の腐敗を正そうと再編成された宗教界であった。新しい教団が世界へ乗り出すのにともない、この印刷術によって印刷された聖書が大量に頒布された。その大本にあった考え方が、聖書は民衆にわかりやすい言葉で書かれなければならないということである。印刷術が世界的に広まったのは、この宣教団の活動とは切り離せない。以上のことが反映して、各国の国語で書かれる書物が増大し、それまで至宝のように扱われていたラテン語の書物が衰退して行った。この宣教団とともに活版印刷術が日本やフィリピンなどの極東地域に、遅くとも一六世紀末までに伝えられたことが知られている。

こうした印刷文化はその後現代に至るまでますます拡大発展し、大量の情報を社会に送りだしている。現代においては、情報公害などということもいわれるようになった原因をつくりだしている。

3 情報が社会に蓄積される——印刷出版事業の展開

わが国への印刷術の伝来は相当古く、世界最古級の印刷物が現存することはすでに述べた。わが国独特の紙の製法の定着とともに木版印刷も定着し、春日版《かすがばん》といわれる古版本が多く製作された。こうして、文書の大量複写技術が近世期まで連綿と保存され受け継がれることになった。わが国でも、奈良時代以来、宗教的な意義から経典を書き写すことが行われたが、春日版の特徴は、この写経の紙面そのものを一枚の版木に彫るもので、一行の文字数、文字の書風などの形式は、写経の時代をそのまま踏襲したものとなっている。奈良の興福寺や春日大社に由来するので春日版と呼ばれている。したがって、その内容は、仏教の経典や注釈書などである。鎌倉時代前半期に最盛期を迎え、以降、江戸時代にまで至る。宗教的な書物の需要を一定程度満たし、文書複製技術を保存したという点で、歴史的な意義を認めることができる。

一方、活版印刷術のわが国への伝来には、三つの契機があったとされている。第一は、豊臣秀吉による悪名高い朝鮮侵攻（一五九二年と九七年）の結果とされる。この時、銅活字と印刷版の道具が戦利品として日本にもたらされた。また、朝鮮の印刷工も日本に連行してきたといわれる。すでに、翌一五九三年には、この活字版による印刷物ができあがっている。徳川家康がこの流れを継ぎ、京都の伏見城を中心として印刷事業を展開した。これが、伏見版《ふしみばん》といわれるものである。特に儒教の書物が刊行された。家康は、後年、駿河にひきこもったが、そこでも印刷事業に着手している。これが、駿河版《するがばん》と呼ばれるものである。わが国自前の銅活字もこの頃鋳造されている。こうした新しい印刷技術の導入に刺激され、わが国では木活字を作り、京都の町中にも伝わり、一六〇〇年代初頭に始まる印刷文化を支える下地を作った。『伊勢物語』、『方丈記』、『徒然草』などの代表的な仮名古典も出版され、これらは挿絵入りの超美麗な木活字版で嵯峨本《さがぼん》と呼ばれた。医書や仏教書など、出版点数も数百点を数えるにいたった。

駿河版銅活字（凸版印刷株式会社所蔵）

活版印刷術のわが国の伝来の第二は、すでに述べたカトリックのわが国への東暫の結果である。天正の遣欧少年使節(一五八二年)は、よく知られたできごとだが、このとき、日本にいたイタリア人神父がこの使節と同行し、帰朝の折に印刷機材一式を日本にもたらそうと計画した。この少年使節は紆余曲折して日本に戻れたのがようやく一五九〇年であった。この時、西洋世界の活版印刷術が初めて日本にもたらされたのである。天草、長崎などに印刷所が開設された。もちろん、活字は欧文活字であるので日本語をローマ字で表記し、キリスト教関係の書物の他、『平家物語』なども印刷された。これらはキリシタン版と総称され、当時の日本語がどう発音されたかを伝える貴重な資料ともなっている。邦文の活字も工夫され、木活字や鉛活字などが用いられた。キリスト教の迫害が強まるとこの地の印刷事業も衰退していった。

この間、京都の町中に伝わった印刷術は、近世初期のわが国の文字文化に重大な影響をもたらそうとしていた。それは出版業の勃興である。早くも一六〇八年、京都の町衆の中から中村長兵衛という人が出版業に乗り出し、禅宗関係の書籍数種の刊行・販売を始めた。以降、民間の出版業者が多数出現し、遅くとも寛永年間（一六二四―四三年）に京都を中心に営利事業として確立した。この時期までに一〇〇人近い出版者が記録されている。これらの出版者は、仏教書・医学書・漢籍をはじめ、『徒然草』、『平家物語』、『太平記』、『伊勢物語』、『大和物語』、『源氏物語』といったわが国の古典文学を競うように刊行した。一部の特権階級しか接することのできなかったこれらの文学を民間にまで浸透させた功績は大きい。この初期の出版文化の旺盛の頃は、朝鮮よりもたらされた印刷術に刺激された木活字による活版印刷であった。これらを総称して古活字版《こかつじばん》といっている。日本の文芸復興の原動力となったとされ、文化面での意義が評価される。しかしながら、出版点数が飛躍的に増加した寛永期頃から印刷形態に変化が現われ始め、元の木版印刷へ戻るという現象が起きている。これは、木活字による印刷では爆発的な需要の伸びに追いつけなかったこと、木版印刷の方がよく売れる作品の再版にも都合がよく版権を所有することと木版印刷の版木を所有することとが同義であったこと、また、日本の文字の特殊性などの原因が考えられている。

いずれにせよ、出版事業の対象は徐々に民間へと向けられ、仮名草子《かなぞうし》、俳諧《はいかい》書なども新興の出版者によって次々と刊行された。『きのふはけふの物語』、『竹斎《ちくさい》』、『恨之介《うらみのすけ》』、『大阪物語』、『信長記』などの初期の仮名草子が活版で刊行されている。

さらに時代が下がり、元禄期（一六八八―一七〇三年）になると、出版文化の中心地も大阪に移り、日本文学史上著名な井原西鶴の好色本をはじめ、あるいは浮世草子、あるいは重宝記（日常生活に必要なハウツウもの）といった民衆受けのする出版が隆盛をきわめるようになった。こうした出版文化の隆盛を裏付けるものとして、この時期に作られた刊行物の目録には七二〇〇点が記録されている。この目録に収められていなかった浄瑠璃本、俳諧書、浮世絵本、その他を含めると、刊行種類一万点、流通冊数一千万冊にのぼるともいわれている。

近世文化の中心地が、将軍家のお膝元の江戸に移る頃、出版文化の中心地も江戸に移っていった。この頃、幕政批判の書や好色本に対する出版統制も起こり、また、海賊版に対処するための出版業者による組合も結成された。一七二二年には、本格的な「出版条目」も出された。現在の日本の出版物は西洋のものと違って奥付のあることが独特であるが、その習慣はこの出版条目に始まるといわれている。

書物という情報を伝達する媒体が、商業生産としても成り立ち、社会に流通・蓄積される量が飛躍的に増大すると、わが国の図書館もわずかだが一定の変容を迫られることになった。

出版事業に力を入れた徳川家康は古書の収集にも意を注いだ。いずれも国内の貴重な書物の散逸を恐れた家康の意を実現するためのものである。一六〇一年、江戸城内に富士見亭文庫を建て、足利学校から専門家を呼んで目録を作らせた。また、駿河にも駿河文庫を設置し、当代一流の学者林羅山《はやしらざん》を呼んで管理にあたらせた。駿河文庫の蔵書は、家康の没後、尾張・紀伊・水戸の徳川家に分配され、これを期に各藩でも文庫の充実をはかるようになった。富士見亭文庫は、一六三三年にはじめて書物奉行がおかれ、蔵書管理・目録編纂の本格的な図書館管理形態が出発した。しばらくして江戸城内の紅葉山霊廟《れいびょう》（先祖の霊をまつる建物）の境内に移されたため、以降、一般に紅葉山《もみじやま》文庫といわれる。この紅葉山文庫は代々の将軍が増強していき、また、諸処の大名の寄贈などにより、江戸末期には約一六万巻の蔵書を持つにいたった。また、書物奉行は代々九〇人を数え、この中には学者として著名な者も数名見受けられる。ドイツ・マインツ侯国の私設図書館員であった偉大な哲学者・数学者・政治学者のライプニッツ（1646-1716）が、学者図書館員と呼ばれていたことを思わせる。

各藩の大名たちは、徳川家の文庫にならい、それぞれ文庫を増強していったが、加賀百万石の尊《そん》経閣《けいかく》文庫は、紅葉山文庫にも匹敵する質と量をもっていたといわれる。また、豊後（大分県）佐伯藩毛利家の佐伯文庫も八万巻を所蔵したと伝えられ、尊経閣文庫、水戸の彰考館《しょうこうかん》文庫と並び称される文庫であった。一八一一年に、この佐伯文庫から二万巻が、徳川家の紅葉山文庫に寄贈された話は有名である。その他、各藩には数万巻規模の蔵書を持つ文庫が多数見られる。諸大名以外では、摂関家の一つであった近衛家の陽明文庫《ようめい》が知られている。また、嵯峨本の印刷事業に貢献した角倉素庵《すみのくらそあん》の家蔵書をはじめ、個人で所有する文庫も十数万巻規模のものさえ見られた。

江戸中期以降は、政治社会が格段に安定し、武士階級の人びとも学問を志すようになった。さまざまな学者が輩出したが、伊藤東涯《いとうとうがい》の古義堂《こぎどう》文庫をはじめ、学者の個人文庫も充実していった。この背景には、国内に存在したあらゆる古典・漢籍を印刷・刊行してしまったといわれる近世期わが国の出版文化の隆盛が考えられなければならない。この学問の興隆は、各藩の藩校の創立、また、民衆社会にあっては、寺子屋の開設など、社会制度・組織の整備へと影響した。こうした教育施設には、付属の文庫が併設されたことはいうまでもない。もと林羅山の私塾であったものを、一七九七年に幕府直轄とした昌平坂《しょうへいざか》学問所は著名であるが、ここには紅葉山文庫から書物の移管もされ、充実した蔵書を備えるようになった。そればかりではなく、一八四二年には、全国の出版物の検閲をこの学問所にて行うことになり、新刊図書がすべてここに集まるようになった。一五三七年、フランスの王室図書館で始まり、周辺各国に広まったとされる納本制度《のうほんせいど》が、近世期鎖国体制下のわが国でも実施されたということになる。また、同学問所には出版部に相当するものも付随し、市中への販売も行っていたという。この他、群書類従《ぐんしょるいじゅう》を編纂した塙保己一《はなわほきいち》の請願によって開講された和学講談所の温故堂《おんこどう》文庫なども学術図書館との位置づけが与えられるであろう。

文字文化・出版文化・学問の隆盛は、必然的に庶民の知識欲も刺激するようになった。蔵書を庶民に公開する図書館もわずかながら現われるようになった。板坂卜斎《いたさかぼくさい》の江戸浅草文庫、岡山藩の経宜堂、飛驒高山の雲橋社文庫、短命であったが福岡藩櫛田神社の文庫桜雲館、仙台の青柳館文庫、江戸時代末期の伊勢の射和文庫などがあげられる。これらは、はっきりと民衆教化を目的としており、公開図書館の位置づけも与えられる。しかしながら、これらは少数の希有な例であり、幕藩体制下において愚民政策を取る諸藩にはなじまない社会政策であった。公開図書館は江戸時代を通じてわが国には根付くことはなかったといわなければならない。

情報提供機関という観点から見れば、公開無料の原則には反するが、近世期のわが国の大都市圏に発達した貸本屋は、まさに公開図書館の代わりをなすものであった。一八三〇年代には、江戸だけで八〇〇軒の貸本屋があったという記録もある。しかし、多くは貸本を背負って貸し歩く行商人のようなものであった。店舗を構えていた大貸本屋としては、江戸の長門屋、名古屋の大惣が有名で、明治の文学者坪内逍遙や幸田露伴、二葉亭四迷、尾崎紅葉などが若いときにこの大惣を利用していたという。この貸本屋は、庶民の下層の人々にも浸透しており、読書文化がわが国全体に広まっていたと評してよいだろう。

幕末のペリー来航以降は、諸藩も急激に洋学の必要性に目覚めるようになった。蕃書調所《ばんしょしらべしょ》が作られ、オランダの書物を中心に洋書の研究が行われた。

一六世紀末に日本に伝わった活版印刷術は、近世期のわが国にはなじまず、すぐに木版印刷に戻ったことはすでに述べた。絶えて久しかった活版印刷は、わが国への伝来の第三の契機として、幕末期にもう一度訪れる。一八四八年、オランダ船が貿易船載品として持ちこんだ印刷機を四人のオランダ語の通訳者が購入したことが発端となっている。この代表人物は本木昌造《もときしょうぞう》といい、彼は数年してオランダ語日本語の通訳関係の書を自力で印刷した。これは、その後の近代日本の活版印刷文化の礎となるものである。

4 情報の利用について考え始める——近代的な図書館への移行

日本の江戸時代を一言で評価すると、次の日本の近代化に必要な基礎力を社会が蓄えた時代で、こうした意味で、日本の近代化を準備したということができる。

西欧型の近代図書館を初めて日本に紹介したのは、西洋事情を著した福沢諭吉で、一八六六年のことであった。文明開化を押し進める明治維新政府にとって、西欧型の近代図書館はかなりの衝撃であったように見える。その後、特命全権大使米欧廻覧実記を書いた久米邦武《くめくにたけ》や文部官僚の田中不二麿、国費留学生の目賀田種太郎《めかたたねたろう》などが欧米の図書館に関する報告をたて続けに行っている。その少し前、市川清流という人が公立の書籍院(館)の設立を求める建白書を出している。明治五年、政府は書籍館《しょじゃくかん》の設置を認可した。明治政府による対応は早かった。西洋世界の刺激ばかりがその原因ではなかろう。近世期のわが国に、出版文化・読書文化が全国的な規模で盛り上がっていなければ、社会において図書館を求め、これを近代的に変容させていく出発点さえ築くことはできなかったと思われる。この様子は、産業革命が起こる前に、社会にある程度の資本の蓄積が必要なのとよく似ている。公開型の図書館こそ十分な発展はしていなかったとはいえ、知識財産としての書物の社会における流通・蓄積量が莫大で、庶民にいたるまで読書文化が根付いていた近世期のわが国は、次の近代における図書館の発展を準備していたのである。

この書籍館は、公費による運営、法律にもとづく設置、公開型といった近代図書館の条件のいくつかを満たしていたが、なお、入館料を徴収したり、必ずしも、万人に開かれていたとはいえない利用規定があったり、閲覧のみで館外貸出を許していなかったりと、近代的というには不十分な観がある。基本的には、紅葉山文庫などの江戸幕府の蔵書保存を目的とするなど、古くから社会に登場していた蓄積型の図書館の面を残したものであった。それもそのはずで、その後、東京図書館、そして、一八九七年には、帝国図書館と名称を変えていき、実に、わが国の国立中央図書館の礎となるものであった。

この官立の書籍館に刺激されて、一八八三年には各県で二三の公立書籍館が数えられるようになった。しかし、この頃の自由民権運動の政府批判に業をにやした政府は、自由思想の抑圧、国家統制に傾き、各地の公立書籍館は、一八九〇年代にはほとんど姿を消してしまった。人びとの知識に対する希求、読書に対する情熱は、それでも止むことはなく、民衆は、自分たちで出資する会員制の図書館を作っていった。それは読書を通じた自己啓発の場であった。一七二七年、アメリカのベンジャミン・フランクリンが作ったジャントーという組織を彷彿《ほうふつ》とさせる。

日清・日露戦争を経験する頃、わが国は産業革命を完成させたが、こうした社会変化は、欧米列強と伍して国力を競うための富国強兵策をさらに進めようとする国民感情ともなって、わが国の暗い歴史の一面を見せ始める。社会は工業生産をあげるために、さらに高度な技術情報の蓄積を要求するようになった。必然的に官民あげて教育に力が入れられ始める。

一八九九年、本格的な図書館に関する法律である図書館令が公布された。これにより、地方自治体が独自に図書館を設置することが認めらるようになった。詳しくは述べないが、この法律の成立の経緯を見ると、実業教育振興と同列の発想が見られる。秋田県立図書館(一八九九年)、山口県立図書館(一九〇二年)をはじめ、府県立図書館、市立図書館などの公共図書館一九館、信濃教育会を代表とする各地の教育会の経営による図書館一八館、私立図書館七館が、一九一〇年代までに開館された。これらは、社会の要望する人材養成の地方レベルでの要求の表れで、その結果、はっきりと公開型の図書館であった。

何かが発達したというときには、そう認めることのできる現象が起こったことをとらえてそう発言するのが常である。図書館運動が発達したことを知るエポックとしては、図書館関係の団体の創立と図書館関係の雑誌の創刊があげられる。わが国では、一八九二年、現在の日本図書館協会の前身である日本文庫協会が創立され、一九〇七年、その機関誌の『図書館雑誌』が創刊された。

日本の近代図書館の父ともいうべき人物に佐野友三郎という人がいる。前述の日本文庫協会の創立につくしたのも彼である。また、秋田県立図書館の館長となったとき、巡回文庫を始めることを計画した。この計画は、一九〇二年には実現することになった。一九〇三年、彼は招かれて山口県立図書館長に転任し、ここでも巡回文庫を始めた。一九〇七年には、開架制（現在の公共図書館に一般に見られるような書棚の間を自由に歩いて本を探せるようにした制度。それまでは閉架制といい、本を利用者の目に触れさせず、出納係を通してのみしか閲覧できなかった。）を実施した。これはわが国初の試みといわれる。

一九二一年には、帝国図書館の中に文部省図書館員教習所が置かれ、司書の教育も制度的に行われるようになった。こうして、わが国では明治・大正を通じて、利用を中心とする近代型の図書館の基本制度がようやく出そろってきたのである。しかしながら、戦前の日本は、多くの歴史書が語るように、人民の基本的権利という考え方よりは、天皇を頂点として、上の者が下の者の面倒を見るというような意識の方が強く、図書館もまたこうした意味で、図書館員が庶民に本を利用させる、恩恵を施すというような官僚的な面のあったことは否定できない。

こうした体質が反省されて、現代的な図書館となるのは、やはり戦後の民主主義の到来を待たなければならない。戦後の日本占領期に、ＧＨＱ内に置かれたＣＩＥ（Civil Information and Education Section, 民間情報教育局）という組織が、日本の民主化の一助となるように、公共図書館制度を根付かせる活動を行った。一九四八年には、国立国会図書館が発足し、一九五〇年には『図書館法』が制定された。これを機にわが国の戦後の図書館界は模索の時代に入る。西欧型近代民主主義の申し子ともいうべき公共図書館をどうわが国で発展させるかという課題に取り組んでいくのである。わが国の実状からあるべき図書館の姿を探ろうと日本図書館協会を中心に全国的な調査活動が行われた。一九六三年、この報告が世に出た。『中小都市における公共図書館の運営』(通称＝中小レポート)がそれである。この中小レポートが世に出るや、はかりしれない精神的影響を公共図書館界にもたらした。地方の中小都市の公共図書館に働く図書館員たちは、それまで、予算や蔵書規模、人員などの面で自分たちの図書館が及びもつかない県立図書館などの大図書館に憧れと羨望《せんぼう》をいだき、自分たちもいつかあのような図書館らしい図書館で働いてみたいと漠然と考えていた。中小レポートは、「中小図書館こそ公共図書館の全てである」と言い切り、このような発想を一八〇度転換してしまったのである。人びとが必要としているのは、何時間もかからなければたどり着けない大図書館ではなく、身近な生活圏内にある市町村立図書館であることを明確に主張した。中小図書館に働く

現在の日野市立中央図書館

図書館員はいかに勇気づけられたことであろうか。この中小レポートは、一方で、貸出し券のあり方や家具調度品の配置まで具体的な取り組みを示した。これを実践することによって、東京都の日野市立図書館、福岡県の大牟田市立図書館、北海道の置戸町立図書館などの図書館が多大な効果をあげたことが知られている。以降、わが国の図書館界は質的な転換の過程に入る。一九七〇年、先の日野市立図書館の館長であった前川恒雄を中心として、『市民の図書館』が公刊された。これを契機に、分館などの整備が進み、児童サービスにも力が入れられるようになり、質・量併せて飛躍的な発展が見られるようになった。一九八〇年代以降は、床面積の大きな図書館が各地に作られるようになり、地域共同体のシンボルともなりうる「場所としての図書館」が出現するようになった。これから先、二一世紀には、わが国の図書館はどのようになっていくのだろうか。

5 図書館が変わる——未来の図書館を探る

昨今の私たちの周囲では、情報社会、ネットワーク社会、電脳社会などという言葉が氾濫《はんらん》しているが、一体どのような変化を図書館にもたらすというのだろうか。確かに、私たちが触れることのできる情報の量は増え続けており、全国どこに居ても、広域メディアを通じて均質な情報が私たち一人ひとりに届けられるようになっている。

社会の変化が人間の知的生活にもたらす変化の一つに、私たちの読書法があげられる。読書法は、古来、次のように変遷してきた。古代では、書物が貴重品であったため幾人かで集って音読していた。少し時代が下がって、書物の普及とともに獲得すべき知識の量が増えてくると、読書の能率をあげるための黙読が習慣化した。そして、現代は、あまりにも多くのしかも雑多な情報が混在しているために、最も必要とする部分とそうでない部分を取捨する読書法が要求されるようになっている。速読法の講習会が開かれたり、毎月刊行される雑誌の目次だけを集めた雑誌が創刊されたりしているのもこのような時代の反映といえる。一冊の書物をじっくり読むという時代は過ぎ去ろうとしている。これは、いうなれば、現代社会における人びとの行動様式が情報選択型に転換しているということである。

次にメディアの多様化ということがあげられる。録音媒体は、一九世紀末にはすでに発明されており、映画も同様である。スライド・8ミリフィルム・16ミリフィルム・レコード・録音テープ・ビデオテープなどが出現してから久しく社会に普及した。これらの媒体と書物の違いは、一言でいえば、音は音の通り、絵は絵の通り記録されるという点である。いったん言葉に、したがって、文字に置き換えられて記録されるというものではない。文字を用いていないという点では、従来の書物とおよそ概念が異なる。しかし、これらが何らかの情報を伝えているという点で書物と同じものだと気がついたとき、視聴覚資料などの非図書資料が図書館でも収集の対象とされるようになった。以上のように、本だけが唯一の情報伝達媒体であったのはもはや過去のことである。現代社会では、これらが混じり合い混沌としている。情報を取捨・選択する対象が広がったといえる。

しかし、もっと革命的なことが一九四六年以降起こった。この一九四六年という年に、世界初の電子計算機ENIAC(エニアック)が製作された。そして、情報を扱う場面は、このコンピュータの利用と切り離せなくなった。ご存じの通りコンピュータの内部では、情報はすべて0または1の数に置き換えられる。0と1の間はつながっていない。0.1428……などという値は許されないのである。それに比べて、上にあげた情報媒体は、たとえば音の強弱とか音の高低を決定する周波数とかを考えてもらえればよいのであるが、中間の値がなければ再生するときに原音と全く異なったものになってしまう。つまり、0と1という間に切れ目なく無限に小数や分数の値をとることができるということである。前者がディジタルで後者がアナログと一般にいわれるものである。このようなディジタル式の記録媒体が近年出現し、一般の家庭にも十分普及するようになってきた。CDやレーザー・ディスク、DVDなどである。このディジタル式の特徴は全ての情報が同じ0と1で処理が進められていくことである。文字情報も、音声情報も、画像情報もコンピュータにとっては同じデータであることに変わりはない。一つの媒体の中に表現形式の異なる情報が収容されるマルチメディアが普及することは当然の帰結である。以前にもまして人類の知識の表現、学習の進め方、レクリエーションのあり方が多様性を持ってくるのである。

コンピュータはその出現以来、図書館に大きく影響を与えてきた。まず、図書館の業務レベルでその影響力がみられた。コンピュータによる貸出・返却処理を図書館で行っている光景はもう珍しくない。これは、書名とか著者名といった図書館の蔵書のデータをすべてコード化し、貯蓄していること、すなわち電子目録を編成することが前提である。こうして記録し貯蓄している図書のデータの集まりに、必要に応じて選び出す(検索)機能を付け加えたものが蔵書データベースといわれるものである(詳しくは第4、5章)。コンビニエンスストアにも見られるようになった品物の金額を簡単に入力することのできる黒と白の帯でできているバーコードも図書館に欠かせない。本に貼られたバーコードなどから得られる図書番号をもとにこのデータベースを瞬時に検索し、貸出返却の処理や予約の確認、除籍などの作業を行う。この検索機能を利用すれば、膨大なカードボックスの前で立ち往生することなく、求める図書の探索が容易に行えたり、個人の好みに応じた文献リストを作成したりできる。さらに進めて、一館の蔵書の検索のみではなく、全国どこの図書館の蔵書でも、公衆回線や専用回線を用いて知ることができるようになった。すでに利用者レベルでコンピュータの恩恵を引き出すことに成功している。

目録を電子化することによってさらに大きなメリットが生まれる。一つの図書について作成した目録情報は他館でも利用できる。このような協力態勢を築くことによって図書館の業務が軽減される。これを世界的に進めているのが、一九六七年に始まるOCLC(On-line Computer Library Center)である。これは一九世紀末、オトレとラ・フォンテーヌという人が世界中にある書物をいつでも調べられるように世界書誌をつくることを夢想し、手書きのカードで実行しようとしたが、ついにあまりの膨大な作業のゆえに破綻したという因縁のあった夢を受け継ぐものである。この夢がコンピュータの力を借りて初めて実現できるようになった。日本では、国立の共同利用機関である

「学術情報センター」がこれを推進している。こうした図書館業務を支援する目的で作られる組織を図書館界では、書誌ユーティリティーと呼んでいる。

次に、学術情報センターなどに置かれているデータ・ベースはいわゆる書誌情報を提供するもので、書物の案内はするけれども、書物の内容そのものまでは伝えてくれないというものである。しかし、現在、いくつかの有力新聞の記事全文がコンピュータで閲読できるとおり、書物の内容までもがデータベース化されて流布されるようになっている。今までのように、書架から書物を取り出すのではなく、光ディスクを取り出し、ディスプレイを通して閲覧するというように、読書のあり方も多様化しようとしている。

さて、コンピュータの発明以来、書物の歴史にも新しいページが書き加えられたわけである。CDは音楽を聞くものとばかり思っていたらとんでもない。外見は全くのCDなのに、中身はなんと百科事典であったり、新聞の記事一年分であったり、有名な写真家の写真集であったり。こうしたものをCD－ROM(Compact Disc Read Only Memory)と呼んでいる。文字や画像をディジタル信号に換え大容量の光ディスクの中に貯蓄するようになった。もちろん、コンピュータの得意とするさまざまな検索機能が付加されており、参照するのはディスプレイといわれるブラウン管からである。このように、書物という範疇《はんちゅう》に紙とインクという体裁ではないものが出現したわけである。いわば電子書物ともいうべきものの発明である。

これは、粘土板・パピルスから紙へという書写媒体の変化、ペン・筆から印刷機へという書写器具の変化と比べて、全く質の異なる変化である。第一に紙の時代は紙という一貫した物性をもっていた。しかし、この時代は、磁気テープ・フロッピーディスク・光ディスク・ＩＣカードのように物性のさまざまな媒体に二進数として記録される。第二に、文字を書くあるいは印刷するという、直接文字を視覚化するという行為は、古代から連綿と変化がなかったのに、ここにあらたに、文字を〇と一の並びのパターンで置き換える、すなわち、コード化するという作業が中間に加わるようになった。これによって、書物のもつ情報の必要部分を簡単に検索したり、作り替えたりすることがたやすくなったのである。第三に、そのために、私たちは、ペンの代わりに、キーボードを使って、書きたい文字のコードをいきなり打ち込んだり、紙に書かれた文字をコード化する装置（ＯＣＲ、光学式文字読取装置）を使ったりする。第四に、この〇と一のパターンを電送回路に流し込めば、どんなに距離が遠くても、瞬時にして蓄積された情報を送りだしたり、受け取ったりできる。このような新しいテクノロジーが今後の図書館に大きな影響を与えないはずはない。こうしたテクノロジーとそれによってもたらされる社会変化を含めて、これからの図書館は、書籍だけを収集対象とするのか、情報を伝えるさまざまなメディアそのものを対象とするのかという選択の岐路に立たされているといってもよい。

一九六九年にARPA-netとして始まったインターネットは、一九八九年のWWW（World Wide Web）の考案以降、大航海時代ならぬ、大情報交換時代をもたらした。この瞬間にも地球上を駆けめぐっている情報は、書物などに留められた情報を量的にはるかに凌いでいる。電子媒体などの容器によって蓄積され運ばれる情報と、専用回線などのパイプを通ってやってくる情報はコンピュータにとっては違いは全くない。だとすれば、私たちがCD－ROMなどによる電子書物を利用しようと、インターネットを用いてはるかかなたから送信されてくる情報を利用しようと、見かけ上も本質的にも、利用の効果に相違はないのである。こうした意味から、図書館界は、インターネットによって提供される情報について無頓着であることは許されない。

ところが、図書館界はこのことにあまり積極的ではなく遅れを取ってしまった。インターネット上に貴重な情報が散在していることは早くから知られていた。これは粘土板やパピルスがあちらこちらに散在していた状況に似ている。人類はこれを一箇所に集めて使いやすい仕組みを作った。これが古代の図書館である。インターネット上の情報についても、これを使いやすくしようといくつかの手法(anonymous ftp とか gopher など)が試みられてきた。どうやら人類はサイバースペース上にまたゼロから図書館を作るつもりだったらしい。

電子化された情報は、通信回線を使えば、簡単に遠方へ電送することができる。そうなると、自宅でディスプレイ画面を通して、図書館の蔵書を参照することも理論的には可能である。こうなるとこれはもう電子図書館である。平成三(一九九一)年、日本にもこれを推進しようとする電子ライブラリコンソーシアムという団体ができた。平成六(一九九四)年、関西の電子図書館研究会がアリアドネという電子図書館システムのプロトタイプを発表して一世を風靡《ふうび》した。平成九(一九九七)年、先の学術情報センターは、学術雑誌の数誌を電子的に提供する電子図書館サービスを開始した。ついに公共図書館界でも、電子図書館の必要性に言及され、平成一一（一九九九）年、文部省はこれからのわが国の電子図書館のあり方を検討する目的で、「地域電子図書館構想検討協力者会議」を組織した。今後、公共図書館は、既存の情報を収集し利用者に再配分するだけではなく、自ら新たな情報を制作し利用者に提供する発信型図書館へと転換していく、または、一部その能力を獲得し付加していくことが求められると予想される。

上に述べたことを実現するためには、もちろん、さまざまな体制整備が必要なことはいうまでもない。一方で、公衆送信権などを含む著作権の扱いが難しく、こうした問題が十分解決されることが前提となる。ここで、重要と思われることは、図書館間でしっかりとしたネットワーク作りをすすめ、各図書館はこのネットワークの地方拠点としての働きを持たせなければならないということである。通信には対価が要求されるので、通信料金は各家庭からこの拠点図書館までの市内料金にとどめ、それから先は行政の側のサービスという形にしなければならない。また、情報の受益者負担という原則を確立し、得られた情報に対する料金が必要なら、利用者が負担するという形も確立しなければ社会システムとして成り立っていかないと思われる。

人類文明の発生から現代にいたるメディアを中心に図書館の歴史を簡単に振り返ってきた。新しいメディアが登場することにより、図書館が大きく変容することが理解いただけたかと思う。この変容は、メディアが変遷する限り今後とも繰り返し起こっていくことだろう。大事なことは、図書館は何のために人類社会に登場したのかというその大本を理解しておくことである。そうすれば、今いった変化がどんなに急激に起ころうとも、図書館はそうした変化に対処すべき方策を自ら見いだすことができるようになる。

●参考文献

石井敦編『図書および図書館史』（講座図書館の理論と実際一〇）雄山閣、一九九〇
小野則秋『日本図書館史』玄文社、一九七六
角家文雄『日本近代図書館史』学陽書房、一九七七
是枝英子ほか『現代の公共図書館・半世紀の歩み』日本図書館協会、一九九五
ジョルジュ・ジャン著、矢野文夫訳『文字の歴史』創元社、一九九〇
今田洋三『江戸の本屋さん　近世文化史の側面』日本放送出版協会、一九七七
鈴木敏夫『江戸の本屋上・下』（中公新書五六八・五七二）中央公論社、一九八〇
川田久長『活版印刷史』印刷学会出版部、一九八一
リュシアン・フェーブル、アンリ＝ジャン・マルタン著、関根素子ほか訳『書物の出現上・下』筑摩書房、一九八五
エリク・ド・グロリエ著、大塚幸男訳『書物の歴史』白水社、一九五五
ヨリス・フォルシュティウス／ジークフリート・ヨースト著、藤野幸雄訳『図書館史要説』日外アソシエーツ、一九八〇
長尾真『電子図書館』岩波書店、一九九四

第9章　図書館員の仕事

小川　俊彦

1　図書館で働く人々

日本の公立図書館は、地方自治体、つまり都道府県や市町村に属しているので、図書館員は地方公務員という範疇に入る。したがって、図書館員になることは地方公務員になることであり、それぞれの地方自治体が実施する公務員試験を受ける必要がある。地方公務員のなかには、学校や幼稚園の先生、保母、公立病院の医師や看護婦など、国が実施する試験で資格を取っていないと、その仕事に就けない職種もある。その場合は一般の公務員と別に採用試験を行うことになるが、資格のことはあっても図書館司書という別枠で試験を行っている自治体はあまり多くない。

図書館長

図書館長は図書館という機関の長として、市民に対して図書館サービスを果たしていく役割を持っている。しかし、いくらサービスだからといっても、図書館は行政の一機関であるから、教育委員会の方針、事業や予算と無関係に、図書館のことだけを主張するわけにはいかない。利用者に納得してもらえるサービスを行っていくために、行政内部を理解させていく努力が図書館長には求められている。

図書館長は、なぜその事業が、予算が必要なのか、どのような効果を住民にもたらすかといったことを、教育委員会内部はもちろん、財政担当者などにもきちんと説明する必要がある。ただ職員に言われたからというだけでなく、図書館長自身が図書館サービスの重要さ、新しい事業の必要性を信じていなくては、相手を納得させることは不可能である。

このように図書館長は、図書館サービスの責任者としての役割を持つと同時に、議会に出席して図書館に関する答弁を行うこと、事業計画を立て予算を作成すること、いわゆる人事管理など、他の部長や課長と同じように、自治体の一つの部や課の責任者としての仕事も持っている。また職員に対しては、指導力に加え、職員の言葉に耳を傾け、働く意欲を持たせること、職員を納得させる図書館運営論と職業倫理観を持っていることも欠かせない。

司書

司書とは、「図書館におかれる専門的職員」と図書館法に書かれている。図書館での司書の仕事は、資料を収集し、保存し、利用者に提供していくことにある。しかし、自分の読みたい本を集めることと、図書館で行われる収集とは目的も集める本の量も桁が違う。更に利用者は、どのような要求を持って図書館に来るか分からない、年齢も学歴も、経験も職業も、そして時には国籍や文化さえも異なる人々が本や資料、情報を求めて図書館にやってくる。

このさまざまな人々の、さまざまな要求について、図書館は応えていくことを基本姿勢としている。どんな人が来て、何を聞かれるかわからない状況で司書は本を収集し、提供できる態勢、つまり分類、整理を行い、適切に書架に配置し、臨機応変に利用者と資料を結びつけていく仕事を行っている。人の生き死にに直接関係することはないが、生きることに楽しみや勇気と希望を与え、仕事に活路を見いだすための援助を司書は行っている。その意味で司書は専門職に近い立場にあるといえよう。

司書は図書館法に規定されているように、公共図書館で働く専門的職員という位置づけである。しかし、大学図書館、学校図書館、あるいは民間企業の資料室にも司書は働いている。

司書教諭と学校図書館司書

一九五三(昭和二八)年に学校図書館法が制定され、司書教諭を置かなければならないと規定していたが、附則で「当分の間、司書教諭を置かないことができる。」としたため、学校図書館に司書教諭を配置できないまま、長い時間が過ぎてきていた。しかし、一九九七(平成九)年六月の法改正でこの附則が廃止され、二〇〇三(平成一五)年四月一日からは、一二学級以上の学校には司書教諭が置かれることになった。

法改正後に出された文部省の通知によれば、学校図書館の機能を「学校図書館は学校教育に欠くことのできないものであり、児童生徒の自主的、主体的な学習活動を支援し、児童生徒の自由な読書活動や読書指導の場として、教育課程の展開に寄与する学習情報センターとしての機能とともに、……以下略」としている。一連の教育改革の中核的な役割を学校図書館に求め、その重要な業務を司書教諭が担うことになったのである。

なお、学校図書館に司書を配置する自治体も増えてきている。身分的には事務職員といった扱いで、いずれ改正されることが望まれるが、このことによって子どもたちの図書館利用が増え、学校図書館がさまざまな面において活性化してきていることは確かである。司書教諭が兼務であっても、司書が存在すれば学校図書館に鍵がかかることもない。また、司書教諭と司書がチームを組むことで、運営面は司書教諭が、技術や資料に関しては司書がカバーでき、新しい教育の中核に学校図書館がなっていくはずである。

事務職員

図書館における司書以外の仕事では、庶務的な業務がある。予算管理、文書管理、人事管理や、対役所との関係でさまざまな報告、決裁などの文書作成及び管理の仕事がある。また、いわゆる庁舎管理業務もあり、清掃や冷暖房などの建物の環境整備、修繕、図書館車等の維持管理、そして鉛筆や紙といった文房具を揃えておくことも仕事である。企業や役所での庶務と違うところは、マニュアルで定められた事務処理だけでなく、利用者との関わりのなかで、いろいろな用件が生まれてくることである。その意味では、図書館の庶務の仕事は、図書館が行っているサービスの内容、季節や曜日によって利用状況に変化があるということなども知っていないと、図書館の仕事がうまく流れない。

いわゆる一般行政の人が庶務的業務を担当するのがよいのか、司書が庶務を担当するのがよいのかということがあるが、どちらにも一長一短がある。司書の場合には、司書という意識を強く持ち、サービスすることに生き甲斐を持っている人ほど、庶務を担当することに抵抗を感ずるようである。日常的に他の司書の仕事を見ていると、取り残されるように思うためである。

しかし、図書館サービスの意味、働きを知らないと、庶務の仕事をこなしにくいこと、いずれ管理者になれば、庶務の仕事を抜きに図書館管理ができないことを考えれば、司書が、それも将来の図書館を任されるべき司書ほど、庶務関係の仕事を経験しておくことが望ましい。

その他の職員

たいていの図書館では、本へのラベル貼りやコーティングなどの装備は、本の納品時には完了させておく委託方法をとっているが、契約書店以外から購入した本や、寄贈を受けた本、あるいは雑誌などの装備は図書館で行うことになる。このようなとき、用務員あるいは運転手などが、この仕事を手伝ったりすることがある。

大きな図書館での館内清掃業務は委託になっているが、小さな図書館での日常的な清掃、あるいは大きな図書館でも開館中のちょっとした汚れなどの清掃は、用務員のような人がいてくれた方が助かる。図書館には教育委員会へ文書を届けたりといった雑用があるので、何でもこなしてくれる用務員の存在は貴重である。

図書館が複数あると各館との連絡、資料の貸借などのために、連絡車を持つことになる。また、人口が集中していないなど、分館を持てないような地域には自動車図書館(Book Mobile＝BM)を運行させたりする。このような時、図書館によっては免許を持つ職員が運転することもあるが、運転を専門にする職員を置いている図書館もある。

電気やボイラーなどの業務は、専門の資格が

自動車図書館（ＢＭ）

ないと管理できないが、最近では空調も電気にしてスイッチ調整だけで管理できるようにし、職員が操作している図書館もある。

2 図書館職員に求められる資質と技術

知的好奇心

図書館利用者は、年齢も職業も関心も異なるので、さまざまな分野の本を揃えていく必要がある。職員が何人かいれば、分担して本を選ぶことも可能であるが、小さい図書館では分担して選書などということもできない。また、レファレンスなどのカウンター業務では、聞かれることは自分の得意分野だけでなく、何を聞かれるか全く分からないのである。

このため図書館員は、図書館業務に関する専門的知識、高度な情報にアプローチできる技術をもっていると同時に、世の中の動き、特に新聞やテレビのもたらすさまざまな情報に通じていることも要求されている。そうでないと、利用者との会話が成り立たなくなることもあるし、利用者が求めている新鮮で魅力的な本を選ぶこともできない。

会話できる力

貸出カウンターでも簡単な会話を交わしたり、ちょっとした質問を受けることが多いが、レファレンスや案内カウンターでは、会話そのもので仕事が成り立っている。

この会話を成立させるためには、何よりも図書館員の理解力・判断力と会話力が大切になってくる。図書館利用者には目的も知りたいこともはっきりしている人たちと、聞く内容が本人にも分からなくて、どのように質問をしたらよいのかさえはっきりしない人たちもいる。前者の場合には、会話も比較的簡単に成り立ち、不明な点をただしたり、利用者が持っている情報を聞くこともでき、目的を果たしやすい。しかし、後者になると、相手の情報をいかにうまく引き出して、質問の趣旨を把握するかという難しさがある。

相手が専門家なら専門事項については確認しながら会話し、資料提供ということもできるが、専門外の人が専門的な事項を持って図書館に来たときに会話を成立させるのは簡単なことではない。どのような場合も、相手の持っている情報やこれまでの知り得た経過、一番知りたい事柄などを、うまく聞き出していく必要がある。聞き出す際には、どんな質問であっても真摯に受けとめることで、相手を見下すような態度をとってはならない。そして利用者には質問しやすいように感じさせることと、信頼感を持たせることが何よりも大切である。

一般的な知識、社会的関心

旅行に必要で地名を尋ねたらとんちんかんな答えが返ってきた。漢字を伝えようとしたけれど分かってもらえなかった。それほど専門的でないと思われる質問にもかかわらず、理解してもらえなければ、利用者は図書館員に質問したり、会話を交わすことをあきらめ、二度と質問しなくなる。

知的好奇心の所でも触れたが、日頃から社会の動きに広くアンテナを張っていることが大切である。ある分野に関してどんなに専門知識があっても、いつもその分野に関して質問があるわけではない。むしろ一般的な常識からいろいろな質問に入っていく方が多く、その入り口でつまずいては、会話が成り立っていかない。

図書館員は図書館のことが分かっていればよい、サービスがきちんとできればよい、と考えられがちである。しかし良いサービスをしていくためには、一人の人間としての信頼感がなければいけない。会話ができ、きちんとした応対ができるというのは、一般的な知識、言い換えれば社会常識を身につけておくことから始まる。

分類と目録の知識

図書館の目録がカードであった時代は、きちんと分類し、目録をとることこそが専門性の高い図書館員の仕事と考えられていた。しかし、カード形式の目録が次第に電算化、つまりMARC(MAchine Readable Cataloging)化が進むと、それに伴いデータベースを購入して利用するということに変わってきたため、ほとんどの図書館は自館で分類したり、目録をとったりすることがなくなってしまった。

それでも目録や分類の知識があるかないかは、実際のサービスに当たっては大きな差になって現れる。ある分野の本がどの辺にあるか見当をつけたり、また、利用状況から分類を変えたり、ロケーションを変えるなどということも起きるが、そのような対応も分類の知識がないと簡単にはできない。目録の記述内容や構成が理解できていれば、検索に当たってさまざまな方法を試みることも可能である。分類や目録の知識は利用者サービスには欠かせない。

コンピュータの知識

いま図書館員は、コンピュータを扱えないと日常業務もできない状況になっている。貸出や返却業務だけであれば、バーコードを読みとる操作ができれば良く、機器を操作しているという実感もそれほどないが、資料検索はある程度の操作ができないと、十分な利用者サービスはできない。また検索にあたっては、どのようなデーターベースシステムになっているかという、その仕組みが良く分かっていないと、使いこなせないことも起きてくる。コンピュータの操作とデータベースの仕組みを知っていることが、利用者をサポートしていくために必要な知識である。

統計は図書館業務として欠くことのできないものであり、コンピュータは統計処理にその能力を発揮する。統計によって生まれてくるデータを活用し、業務分析を行い、新しい仕事を構築したり、不要な業務をうち切ることなどに使っていくこともできる。どのような統計を必要とし、機械に何をやらせるかということもまた、コンピュータ知識と無関係では行えない。

手話などコミュニケーション技術

今の日本では、外国人が一人もいない自治体などほとんど考えられないので、外国の人々と会話できる職員がいることは、その外国人にとってはもちろん、図書館の存在そのものにとっても重要な意味を持っている。

手話も利用者との会話の手段である。筆談で済ませられるということもあるが、利用する側にとって手話が交わせるということは、図書館に対する安心と信頼を生むことになる。

目や耳が不自由な人たちは、届くはずの情報がどうしても抜け落ちやすい。したがって図書館で必要な資料を借りたり、時には相談もできるということを知らないことも多い。「手話のできる職員がいます」という案内を出すことが、利用者を増やし、図書館への信頼感を高めることになる。

図書館利用者には、その他にもいろいろなハンディキャップを持った利用者がいる。目が不自由な人の誘導の仕方、車椅子の押し方、非常時の誘導の方法など、あらゆる利用者を想定し、対処できる技術を身につけておきたい。

児童サービスのための技術

図書館サービスにとって最も重視しなければならないサービスの一つが児童サービスである。幼児期は読書への入り口にたつ時期であり、この時期の子どもたちにとって大切なことは、読書は楽しめる、おもしろいものでなければならないということである。

経験がないということは何がおもしろい、何が楽しめるということも分からない。お母さんやお父さんにとっても、自分が楽しんだ本のことは分かっても、それがいつの時期にどのようにして与えられて来たのか、ということについては覚えていないのが普通である。子どもたちに本のおもしろさを伝え、読書へのきっかけを作っていくために、さまざまな動機づけのための技術が必要となり、図書館員はその技術を使って子どもたちを読書へと導いていくことになる。

3　図書館職員(司書)になるためには

司書になるためには、大学で司書の科目(最低二〇単位)を履修し資格を得る場合と、大学に二年以上在学して六二単位修得していれば、司書講習を受けて資格を取ることもできる。在学中であろうと、卒業後何年経っていようと受講資格はあり、夏期講習(約二カ月から三カ月)や通信教育での単位取得が可能である。そのほかに高卒で司書補の資格を取り、図書館実務を三年経験すれば司書の受講資格ができるので、講習を受けて司書になる道もある。

大学での資格取得

専門の大学としては国立の図書館情報大学がある。図書館職員の養成所として第二次大戦前からの伝統を持つ図書館職員の養成機関で、一九八〇年つくば市への移転とともに四年制の国立大学になった。現在では大学院も持ち、図書館員養成だけでなく図書館や図書館情報学に関する研究センターの役割も持っている。私立大学では慶應義塾大学文学部に図書館情報学科が置かれている。私立大学で図書館学科があるのは慶応義塾大学だけである。学科に近い形なのが東洋大学の応用社会学科で、そのなかに図書館学専攻コースが置かれている。その他に約二〇〇近い大学、短期大学に司書課程やコースが置かれ、単位取得ができるようになっている。

司書講習や通信教育での単位取得

図書館法ができた当時は現職者のための講習であったが、現在では現職者というよりも大学生、社会人で図書館に就職を考えている人、図書館に関心があり学んでみたいという人が増えている。

講習は一〇の私立大学で実施されているが、たいていは夏の二カ月ないし三カ月で単位取得が可能なように講習が実施されている。これらの講習については、毎年三月下旬に開講大学が文部省から発表され、官報に掲載されるほか、図書館雑誌にも転載されている。

また近畿大学など五大学では通信教育を実施している。スクーリングを受ける必要があるが、自分のペースで資格が取れるので、働きながら学んでいる人が多いようである。

司書資格に必要な単位

一九九六(平成八)年の「図書館法施行規則」の改正により、それまでの一九単位から二〇単位になり、新たに「図書館経営論」、「図書館サービス論」、「児童サービス論」などが必修科目になった。従来の科目は、やや技術論が中心で、利用者との接点ではなく事務室での仕事が中心という感じもあった。しかし、時代に合わせ、また市民の図書館に対する意識の変化、図書館の使われ方の変化に伴って改正されたもので、サービスを重視し図書館経営についても教えられることになった。時代を感じさせるもう一つの特徴は、情報に関する科目が多くなったことである。

なお、司書補科目では、教育内容に変更はあったが単位数(一五単位)は従来のままである。

図書館員としての就職の道は

学校の先生の場合には、教員免許状を持ち、県などの教員採用試験に合格した後、市町村の学校に配属されることになる。しかし図書館員の場合には、先生のように県単位でまとめての採用試験もないし、司書資格を必要としての採用試験を行っている自治体も少ない。司書資格がなくて図書館で働いている人も多いのである。

図書館職員の多くの人は、自治体の一般行政職という身分で採用されている。ただし、この場合には、図書館以外の職場に異動されるといったことも起きてくる。一方、原則として異動がない司書という枠で図書館員を採用している自治体では、図書館新設時には司書採用を行うが、いったん開館してしまうと欠員補充以外にはあまり採用しなくなる。特に行政改革が自治体の目標のようになってからは、欠員補充すらなかなか行われなくなってきている。

日本の公立図書館職員のうち司書は約半分の八〇〇〇人ほどで、大学図書館にも同人数程度の司書が働いている。また、自治体によっては学校図書館に司書を置いているところもあるので、日本の図書館で司書として働いている図書館職員数は二万人程度であると考えられる。

一方、大学や講習での司書資格取得者は毎年一万人ほどにもなる。つまり現状のシステムでは、よほどの幸運に恵まれないと司書として働く職場を確保することは難しいといわざるを得ない。

ちなみに国立国会図書館の職員になるには、同館が行う採用試験を受けることになる。特に司書資格を必要としないが、図書館に関する問題も出題されているので、ある程度の図書館に関する知識は必要である。

資格を生かすためには

どこの自治体が司書採用を行っているかということに関しては、残念ながらあまり公開された情報がない。自治体が募集案内をせいぜいで県内ぐらいにしか流さないからである。そのためこれまで多くの学生が、直接これはと思われる自治体に問い合わせをするなどという苦労をしてきているが、大学などに司書課程や講座がある場合には、担当の教員に尋ねてみるとよい。司書の採用情報については「図書館雑誌」、「みんなの図書館」など図書館関係の雑誌に掲載されるので、会員になるとか、図書館などで日頃からこれらの雑誌には目を通しておきたい。

公立図書館や大学図書館だけに司書の仕事があるわけではない。例えば民間MARCと呼ばれるものは、書籍取次などの企業が作っているものであり、ここには多くの司書が関わっている。このような仕事に携わっている司書は、図書館にいる司書よりも、さまざまな分野の遙かに多くの図書を分類し、目録をとっている。その意味ではかなり高度の専門性を持った仕事になっている。

図書館は公立や学校、大学だけでなく、多くの企業や団体、研究所などにもある。この場合はその機関に関する資料や情報を扱うことになるが、扱う資料の分野が限られるとはいえ、司書の役割の重要性に変わりはない。企業などでは資料よりも、最新の情報を求められることも多いので、情報検索についての知識や技術はもちろん、サーチャーの資格などもあれば、よりいっそう働ける範囲は広がり、重要視されることになろう。

町村などの小さな自治体では、公民館図書室を図書館代わりとしていることも多い。資料も少ないし、利用者も限定されるが、機能的には図書館と全く同じである。最近では図書室が手狭になった、あるいは利用が増えてきて図書館を作る必要がおきてきたというような理由から、改めて図書館を作る自治体も出てきている。図書館を生み出す、育てる、という意識にたてば、この仕事も大変やりがいのある仕事になり得ることを示している。

正規の職員ではないが、嘱託や臨時職員としてもたくさんの司書が働いている。身分的には不安定で給料も良くなく、図書館にとっても、働く司書にとっても望ましいとはいえないことではあるが、たとえ安くても、短い期間であっても、図書館で働きたいと考えている司書も多い。

4 図書館で働く

貸出カウンターの仕事と関連業務

公共図書館は資料提供というサービス業務を行うのが仕事であるから、利用者と接するカウンター業務はいわば図書館の顔であり、大切な仕事の一つである。貸出や返却業務は、お店のレジのようなものであるから、誰でもできるし、そのような仕事には専門性がないという意見もある。しかしその仕事が、住民一人一人の知ること、学ぶことを保障し、資料を提供するためのものであるから、安易に専門性を否定することは、利用者という個人の心の問題を軽んじてしまうことにもなる。

戻された本をもとの書架に戻すことを配架というが、日に何千冊という貸出がある図書館では、同じように何千冊という本が戻ってきていることでもある。ほとんどの図書館ではこの戻ってきた本を職員が配架することになる。本一冊の重さが四〇〇グラム前後なので二五〇〇冊戻ってくれば一トンにもなる。その重量もさることながら、また配架は館内中を歩くこととなるので、図書館員は体力がないと務まらない。

また、返ってきた本は利用者に好まれているものが多いので、できるだけ早く書架に戻す必要がある。しかし、急ぐからといい加減な配架を行っては、検索してもあるはずの棚に見あたらないこ

カウンター（貸出風景）

とにもなるので、必ずもとの場所に戻さなくてはならない。このようなことから、比較的単純作業と見られている配架作業も、利用者に図書館を信頼してもらえるかどうかの問題を抱えているので、きめの細かい配慮が必要である。

配架作業中に利用者から、図書館の利用についてや、本のことを尋ねられることも多い。ある意味では、配架という仕事は大切なフロアワークにもつながっている。さらに乱れた書架を整頓することも配架作業中に行える。経験の浅い職員や、若い職員に配架を任せっぱなしにせず、図書館の大切な作業と位置づけておくことが望ましい仕事である。

貸出中の図書などの要求があったときには、予約をしてもらうことになる。該当する本の返却を待って次の予約者に連絡し、貸し出すということになるが、テレビなどで話題になったものは予約者が殺到する。予約が増えたときには追加購入を考える必要も起きてくるので、予約を受けた場合にはできるだけ早く、しかも正確に処理を行っていくことが大切である。

督促は返す予定日を過ぎても返ってこない資料を、返却してもらうために行う作業である。一般的には二週間程度の貸出期間を定めているが、読みきれないという理由や、返すはずの日に都合がつかなくて、といったような理由で遅れてしまう人も多い。

予約はサービスであるが、督促にはペナルティの意味がある。したがって返却処理のミスや、行き違いによる督促といった事態をできるだけ避け、起きてしまったときには素早い対応が必要になる。

利用者は予約した本だけを見たり借りたりするのでなく、書架に並んでいる本のなかから選ぶことの方がはるかに多い。その意味でも、返すのが遅れないように日頃から利用者に呼びかけていくことが望まれる。また、督促に使う費用でかなりの本が買えることにもなる。

レファレンスサービス

レファレンスは本や資料のことに関して、利用者からの相談や問い合わせに応じ、資料や情報を提供し、関係機関を紹介したりする仕事である。図書館の重要な業務と位置づけられている。

日頃から利用者の年齢構成や職業、人々の関心事項など地域の状況をきちんと把握し、必要な資料を用意し、信頼できる司書が常駐しているレファレンスカウンターを用意しなければならない。

電話レファレンス室　ブロードカウンティ図書館

小さい図書館こそ不足する本や情報を補う意味でも、レファレンスサービスをきちんと考えておきたい。そして、図書館内のどこであっても、声をかけやすい状況もつくっておきたい。

児童サービス

貸出を中心に図書館サービスが行われ始めた一九七〇年代は、図書館利用者の半分は子どもたちであった。その後、児童数が減り、逆に成人利用が飛躍的に伸びているので、いまでは図書貸出総数のうち、子どもの本の割合は三〇パーセントを割るようになってきている。しかし、子どもたちにとって読書は、その後の人間形成に大きな役割を果たしている。その子どもたちの読書に大きな関わりを持つ児童へのサービスは、公立図書館にとって基本サービスのうちの一つであり、その意味で専門性の高い図書館サービスとして位置づけられている。

図書館協力（システムとネットワーク）

単一自治体のなかで本館と分館などだけで連携体制を作るものをシステム、同じ自治体のなかでも公立図書館と大学図書館など違った館種との連携、複数の自治体の公立図書館が連携する場合を、ネットワークシステムと呼んでいる。

図書館単独では利用者要求のすべてに応えていくことは不可能であるし、連携してサービスを行う方が、より効果的なサービスが可能になる。自治体の枠を超えて近隣の図書館が協定を結んで協力体制を作ったり、県立図書館が中心になって制度を作り、ネットワークを組織することもある。

公立図書館間の協力体制だけでなく、最近では大学図書館と公立図書館の連携も始まっている。慶應義塾大学藤沢キャンパスと藤沢市は協定をきちんと結んでシステムを稼働させているが、このような本格的ではなくても、公立図書館の紹介で利用が可能になるような協定を結ぶ例も見られる。公立図書館の利用者にとっては、専門的な資料が使えることになるし、大学関係者にとっては、その大学で所蔵していない資料を公立図書館に頼ることになる。

学校図書館と公立図書館の連携は第五節で述べているように市川市の例があるが、ここでは公立図書館の蔵書が学校図書館で検索でき、巡回車による貸出も行われている。

選書、図書の発注、受け入れなど

選書　図書館でどのような本を購入するかという決定は、かなり専門性の高い仕事である。図書館では収集方針あるいは選書基準といったものを作り、具体的に本を選ぶ際の目やすとしている。基準は大まかな基本方針なので、個々のどんな本を選んで、何を外すかということについては、その時々の図書館員の判断になる。地域の状況、時代背景、そして時には地域住民の職業や学歴、関心ある問題なども考慮しながら選定していくことになる。

選択については、若いからということで選書担当から外したりすべきではない。経験を積むことでその図書館にふさわしい本が選べるようになるし、それまでの間は、先輩の図書館員や図書館長がチェックして、なぜ不必要か、なぜそれを選ぶのかといった指導をしていけばよいのである。

選書は出版リストを使って行う場合と、現物を見て行う場合とがある。リストは出版社や、取次が発行するもの、あるいは特定のグループや団体が作るものなどがある。実物を見ながらの選書は判断しやすいが、リストによる場合には著者や出版社の傾向を知らないと判断が難しく、経験と勘が頼りということになる。

担当の選書が終わると、係などの代表者による、時には館長なども加わった選書会議で最終決定される。選書会議は、予算がある館では週一回、少ない予算のところでは月に一回ないし二回程度の開催となる。

図書の発注と受け入れ　選書が確定した本は発注されることになる。書誌データは自分の図書館で作ることは少なく、購入することになるが、このデータの発売先が同時に本の発注先であることが多い。したがってデータベースから必要なデータを呼び出し、冊数、分類、装備方法などを確定し、オンラインで発注することになる。このシステムによって、図書は発注段階から納入までの状況が確認できることになる。コンピュータ発注ができないときは、注文票に書名等を記入しファックスで送るか、直接書店に手渡すという方法となる。

このようにして発注された本は、一定の期間の後に図書館に納品される。契約に基づくことではあるが、たいていの場合、蔵書印が押され、分類ラベルやその図書館固有のバーコードが貼られ、本にはフィルムコーティングしたものが納品されてくる。

納品されたものは、本に乱丁等がないか、装備にミスがないかといった検品つまり検査して受け入れとなる。受け入れ処理は、発注画面を呼び出し、本についているバーコードを読み取ることで終了する。本はこのあとで書架に並ぶことになるが、図書館では特定の曜日を決め、その日の朝に新刊図書として陳列することが多い。

視聴覚資料のうちビデオは著作権のことがあり、購入できるものが限定されている。扱い業者が限られていて、そこから送られてくるリストのなかから選ぶことになる。CDはレコード店からの購入が可能であり、担当者は専門の雑誌を見てレコード店に発注したり、直接レコード店に出向いて購入したりする。これら資料の整理や装備方法は、基本的には本と変わらない。

予算管理

予算は、通常は秋から新年度予算の作成に入る。九月頃から新年度の事業計画を立て、必要な予算を見積もっていくことになる。図書館としての予算案ができると、財政担当との折衝になるが、事業内容を説明し、見積もり予算を提示して、了解を求めていくことになる。

担当者レベル、課長レベルといった交渉を経て、ほぼ方向がまとまると財政部長、助役との交渉になる。ここでは図書館だけでなく、図書館も含めた社会教育部や生涯学習部全体としての交渉であったり、教育委員会全体としての予算交渉になり、部や教育委員会の考え方をまとめての話し合いとなる。以上のような課程を経てほぼ骨子が決まり、最後に首長のヒヤリングということになる。

このような段階を経て予算案が決定するが、この案を議会にはかり、承認してもらう必要がある。二月から三月にかけて行われる議会で新年度の施政方針が示され、予算が首長から提案される。

予算が確定すれば予算計画を立てることになるが、計画は四半期ごとに立てておく。図書館にとって一番重要なものは図書費であるから、分野別の購入額を決めるとともに、四半期ごとの予算消化目標、更に細分化して月ごとの発注予算を作っていく必要がある。

図書館予算で特徴的なことは、図書は注文してから整理して納品されるまで一定の期間を必要とし、発注したものがすべて購入できるとも限らないことである。そのため、その年度の予算分は一月中に発注を終わらせるようにしておかないと、三月末までにきちんと納品され、予算消化の確認ができないことにもなるので注意を要する。

5 生涯学習社会での図書館

生涯学習と公共図書館

生涯学習社会とは、文字通り生涯を通して学び続けていく社会の実現のことである。つまり学校教育があって、その先に社会教育があるという関係ではなく、学校以前の幼児期から生涯学習は始まり、学校教育も、社会教育もすべてを含んだものなのである。その意味では社会教育課が看板を書き換えることではなく、教育全体を考える課が誕生していなくてはいけなかったのである。

本来のあるべき姿の生涯学習社会を、一人一人の人間が自ら課題を持ち、その課題解決のために、資料や情報を使い、本を読み、考え、自ら判断していく社会であるとするならば、資料や情報を持ち、誰に対しても学び、考える機会を提供している図書館こそ最もふさわしい施設といえよう。

バブルがはじけ無駄な出費を避ける目的で図書館を利用するようになった人もいるし、余暇時間が増えて図書館を利用するようになった人たちもいる。また、時代の変化の激しさ、国際化、学際化ということへの対応のために、資料を読み、情報を求める人もいる。しかし最近の特徴は、自分に付加価値を持たせておきたいと考える人が多くなってきたこと、学ぶ楽しさを知った人が増えたことである。自分自身を見つめ直し、納得する生き方をしていくために、生き甲斐としてのテーマを見つけ、学んでいこうという姿勢の人々が増えてきている。

このような時代背景を考えていくと、図書館の持つべき機能、果たしていくべき役割も明確になる。貸出という従来からの機能に加え、いかに学ぶ、知るということに応えられるかである。そのためにはまず資料を整え、使える状況にしておかなければならないし、その資料を上手に使いこなしていくために、サポートしてくれる専門家、つまり司書の役割が重要になっている。

生涯学習は幼児期の読書から始まる

子どもたちが最初に本と接することになるのは、図書館や公民館図書室、文庫であり、保育園や幼稚園であったりする。そこでどのような本に巡り会い、どんなおもしろい本を読んでもらってきたかが、その後の読書に大きく影響する。子どもたちにとって読書はおもしろいもの、楽しいものでなければならない。そのおもしろさを知ることが、読書を続けさせる力になっていくのである。

これまでの読書教育では、読書に意義を求め結果を求めてきていた。字を教える手段であったり、しつけや知識教育の道具として本を使ったりしていたのである。しかし、本当に大切なことは、いかに子どもたちの手の届くところに本を置き、子どもたちの読書を助けてくれる人を配置していくかである。生涯学習社会の入り口をきちんとすることが、まずなによりも優先されなければない。

生涯学習時代の学校図書館の役割

生涯学習社会を考える上で、もう一つ忘れてはならないことは、学校図書館の役割である。幼児期における読書への入門は、家庭や公共図書館、保育園などで行われることになるが、学校図書館ではその読書生活を継続させていく役割と、もう一つは本を使って調べる、考える、そしてまとめていくということを、新たに教える役割を持っている。

子どもたちは読書を継続していくことによって、文章を映像化して楽しむという技術を身につけていく。それは同時に自分のなかで考える力、判断する力を養っていくことにつながっている。この映像化の技術は、絵本から活字の多い文章に進む時期に大切になってくるが、それは小学校に入る時期と重なっているのである。つまり、読書形成の最も大切な時期に、子どもたちは学校図書館と接することになる。

この読書に対する関心をいかに継続させていくかが、学校図書館や教師に求められている。同時に学校の役割として、自ら課題を持ち、調べるということに子どもたちの関心を向けていく必要がある。「調べ学習」あるいは「総合的学習」というのは、教科書を教えることから離れ、課題に対して調べ、考え、まとめる、という行為を通して、考える力、生きる力を養っていくことを目的としている。このことは子どもたちの目を図書館に向けさせることになったし、学校図書館にいる職員のサポートが重要な意味を持つようにもなった。二〇〇三(平成一五)年から一二学級以上の学校に司書教諭が置かれるようになったのも、そのこととは無縁ではない。

全国の約二五〇〇町村のうち、一六〇〇以上の町村にはまだ公立図書館がない。公民館図書室で代用しているケースもあるが、図書館の代わりとはいうものの、わずかな本しか置いてないという公民館図書室も多いし、職員がいないこともある。

このような町村に住んでいる子どもたちにとっては、学校図書館が初めて接する本格的な図書館であり、そこでの読書活動を通じて本に親しみ、本を使って課題を解決したり、考える人間に育っていくはずである。学校図書館が子どもたちに読書の楽しみを伝える唯一の施設であり、機会なのである。

公立図書館と学校図書館の連携

公立図書館であるか学校図書館であるかを問わず、子どもたちの図書館利用を進めていくためには、図書館そのものを必要とし、図書館資料を使う環境を作っていく必要がある。

千葉県市川市では、平成三年から公立図書館と学校図書館のネットワークの実験に取り組み、平成六年度から本格実施として稼働してきている。このネットワークのために重視されたことは、学校図書館に人がいること、公立図書館の資料情報が得られるシステムを作ること、必要な本を運ぶ物流の手段を確保すること、そして学校全体の取り組みとして、図書館を使う体制を作ってきたことである。

実験を重ね、参加校が増えていくうちに、調べ学習を進めて行くためには学校間の資料調整、つまりカリキュラムの調整の必要なこと。そして、調整が進むにつれて、学校間の資料貸借の方が、公共図書館から借りるよりも数も多く、授業に直結していることも分かってきた。学校数が増えた本格実施以降に、学校図書館資料のデータベース化が課題になったのはそのためである。

学校図書館に関わる人たちの共同作業で、一九九九(平成一一)年現在では半数近い二一校の蔵書がデータベース化され、ネットワークだけでなく貸出管理等にも使われている。この作業が進むにつれて学校間の貸出も大きく伸びてきてもいる。

公立図書館からの資料提供は、学校図書館では買えないもの、買う必要のないもの、テーマによっては学校図書館にないものなどを提供するようになってきている。この場合に要求される本は、特定のタイトルというよりも、この分野に関する本、あるいは関連する本ということになるので、公立図書館のネットワーク担当職員はカリキュラムのことはもちろん、本の内容を知らないと、学校図書館に適切な資料提供ができないことになっている。

ネットワークによって、形にとらわれない幅広い教育が行われ、先生や子どもたちの授業に取り組む姿勢も変わってきた。図書館を必要とし、図書館職員に相談しながら、事前に準備したり、確認したりすることが増えてきたことである。

一九九八(平成一〇)年現在では、週二回、毎回二台の運搬車を使うことで、年間に六万五〇〇〇冊以上の本を動かしている。うち六分の一は公立図書館からの本である。そしてこの実験、すでに実験ではなく、希望して参加する制度になっているが、小学校(三九校)、中学(一六校)の全校が参加し、養護学校や幼稚園も参加している。

この成功は、まず学校図書館に職員が配置されていたことがあげられよう。そして学校差、職員の能力差を補ってネットワークを進めた教育センターの力も大きく、ここにも人を得たことが成功の鍵となった。ネットワークを進めるにあたってのそれぞれに適任者がいたことと、公立図書館の全面的協力、教育委員会の理解があったことも大きい。大切なことは、ネットワークを進めていこうと考える関係者の姿勢である。

ま

や

ら

わ

た

な

は

さ

さくいん

新・生活のなかの図書館　◎検印省略

2000年２月10日　第１版第１刷発行
2006年３月１日　第１版第６刷発行

編著者　関口　礼子

発行者　田　中　千津子
発行所　株式会社　学文社
〒153-0064 東京都目黒区下目黒3-6-1
電話　03（3715）1501 ㈹
FAX　03（3715）2012
振替口座　00130-9-98842

印刷　シナノ印刷

ISBN4-7620-0920-2